Reuter | Weltuntergänge

[Was bedeutet das alles?]

Ingo Reuter

Weltuntergänge

Vom Sinn der Endzeit-Erzählungen

Reclam

RECLAMS UNIVERSAL-BIBLIOTHEK Nr. 19678
2020 Philipp Reclam jun. Verlag GmbH,
Siemensstraße 32, 71254 Ditzingen
Gestaltung: Cornelia Feyll, Friedrich Forssman
Druck und Bindung: Kösel GmbH & Co. KG,
Am Buchweg 1, 87452 Altusried-Krugzell
Printed in Germany 2020

ISBN 978-3-15-019678-6

Auch als E-Book erhältlich

www.reclam.de

Inhalt

Einleitung: Fünf vor zwölf oder schon kurz danach?

Am 25. Januar 2018 wurde die symbolische »Uhr des Weltuntergangs«, auch »Uhr des Jüngsten Gerichts« genannt, von einem Gremium aus Wissenschaftlern (unter ihnen 15 Nobelpreisträger) auf zwei Minuten vor zwölf vorgestellt. Anscheinend ist das Ende nahe, leben wir in einer Endzeit. Das ist nicht unbedingt ein neuer Befund: Grimmelshausen begann seinen berühmten Roman Simplicissimus von 1669 mit der Bemerkung, das Ganze spiele »zu dieser unserer Zeit (von welcher man glaubt / daß es die letzte sei)«.[1] In Sicherheit wiegen sollte uns das allerdings nicht.

Im Januar 2019 beginnen deutsche Schüler auf die Straße zu gehen, um gegen den Klimawandel zu protestieren. Dass die Welt in Stürmen und Fluten unterzugehen oder auch einfach nur zu veröden droht, erscheint ihnen wichtiger als die Schulpflicht. Und sie sind bereit, dafür Konsequenzen auf sich zu nehmen, die ihnen sofort durch die staatlichen Ordnungsorgane angedroht werden. Aber Konsequenzen unseres Lebensstils drohen ihrer Generation ohnehin. Und zwar weit schlimmere.

Greta Thunberg ist das Aushängeschild dieser Bewegung. Ihre Popularität führte dazu, dass sie auf der Weltklimakonferenz in Kattowitz im Dezember 2018 eine Rede halten durfte, in der sie herausstellte, wie das politische Versagen angesichts des Klimawandels die Welt in den Untergang treibe.

> Was ich auf dieser Konferenz zu erreichen hoffe, ist die Erkenntnis, dass wir einer existenziellen Bedrohung ausgesetzt sind. Dies ist die größte Krise, in der sich die Menschheit je befunden hat. Zuerst müssen wir dies erkennen und

dann so schnell wie möglich etwas tun, um die Emissionen aufzuhalten, und versuchen, das zu retten, was wir noch können.

Der schleichende Wandel des Klimas konnte anscheinend bisher mehr oder weniger erfolgreich ignoriert werden. Doch plötzlich hört man für Klima und Gerechtigkeit engagierten Jugendlichen zu. Was ist passiert? Und worum geht es bei diesen Protesten eigentlich?

Es geht nicht nur um das Klima. Es geht auch darum, dass eine junge Generation gegen das Gerede der Alten von der Alternativlosigkeit ankämpft, ihren Erzählungen von einer verplanten, unabänderbaren Zukunft einfach nicht mehr glaubt. Die Jungen stellen mit Nachdruck die Frage, welches Weltverhältnis wir eigentlich haben, und versuchen, Machtstrukturen durch kreative Formen des Widerstands aufzubrechen. Dabei spielt Kommunikation über die sozialen Medien eine erhebliche Rolle. Andere Erzählstrategien greifen: Greta Thunberg ist eine Symbolfigur, die extrem schnell extrem viele Mitstreiter mobilisieren konnte und kann. Die entsprechenden Bilder zur Geschichte vom Mädchen, das aufgebrochen ist, die Welt zu retten, werden gleich mitgeliefert: auf dem Segelschiff, in wütender Frustration auf der UN-Klimakonferenz, vor dem Mikrophon vor Zehntausenden von Schülern, im Zug auf der Rückreise. Über die Ernsthaftigkeit des realen Problems hinaus wirkt das inzwischen wie eine klug inszenierte Erzählung: dass für uns eine kleine, aber sehr bedeutsame Kämpferin eintritt, wir noch eine Chance haben und gerettet werden können. Bei aller realen Dringlichkeit ihres Anliegens verwandelt sich die Aktion, in der Realität nahezu zeitgleich über die sozialen Medien vermittelt, in eine Story – mit allen Chancen und Gefahren, die das mit sich bringt. Wo Greta auftaucht, wollen sich nun Prominente und Politiker mit ihr fotografieren lassen, wollen Teil der Geschichte des Mädchens werden, das die Welt vielleicht noch retten wird. Und die Gefahr von Stillstellung und Vereinnahmung steigt.

Aber auf der anderen Seite: Von jeher haben sich die Menschen an Erzählungen des Kampfes der scheinbar machtlosen Guten gegen die überlegenen Bösen gestärkt: vom biblischen David, der gegen den riesenhaften Goliath siegt, bis zum Hobbit Frodo im Kampf gegen den dunklen Herrscher Sauron. Dass der Zynismus der Macht nicht das letzte Wort habe, dass es eine Rettung in der Katastrophe gibt, wollen wir auch heute gerne glauben. Und diese Hoffnung setzt erhebliche Kräfte frei.

Es sind aber nicht allein die Erzählperspektiven, die sich aus den neuen Medien ergeben, die die Bewertung und den Zulauf zu dieser Bewegung prägen. Entscheidende gesellschaftliche Fragen werden hier ins Blickfeld gerückt. Wer von Weltuntergängen spricht, der redet zugleich von Gerechtigkeit. Denn die Frage war schon immer: Wer kann sich am Ende retten? Für wen geht die Welt nicht unter, sondern geht das Leben (nur irgendwie oder gar luxuriös) weiter? Wer hat einen Platz auf der Arche reserviert und zu welchem Preis? Und diese Fragen stellen sich nicht nur im Zusammenhang mit Klimaveränderungen, sondern grundsätzlich im Zusammenhang mit Versorgungssicherheit: Wer kann sich noch Medikamente leisten gegen Epidemien, die in Teilen der Welt immer wieder um sich greifen und irgendwann (wer hätte damit *gerechnet*?) vielleicht auch die reichen Nationen treffen? Für wen ist Platz im Bunker, und wer muss leider draußen bleiben?

So drängend die Frage der Gerechtigkeit, fast noch wichtiger ist diejenige nach der Schuld. Allzu leicht wird inzwischen die Frage nach einer gerechten Weltwirtschaftsordnung im Alltag umgebogen zu einer Frage nach dem individuellen Lebensstil. So, als könnte der fleischlose Tag pro Woche oder der Umstieg auf Papiertüten die Welt ernsthaft verbessern. Die Geschichten darüber, wie die Welt ein schönerer Ort werden kann, wenn nur jeder seinen kleinen Beitrag leistet, überzeugen wenig, ja, vermutlich tragen sie eher auf subtile Weise dazu bei, den Weg in den Untergang zu zementieren. Es sind Geschichten, die auf Anhieb schön klingen, sich in der Praxis aber als destruktiv erweisen. Wenn der Einzelne am Ende verzweifelt feststellt, dass er nichts ändern kann, es sei denn, er (und mit ihm viele andere) veränderte sein ganzes Leben von Grund auf, sieht sich das System gefestigt. Dass massive Interessen der Industrie und Wirtschaft und deren brutales Kapitalinteresse der Hauptfaktor der Zerstörung sind, gerät elegant aus dem Blick.

Die Katastrophe ist schon lange da. Mit Walter Benjamin könnte man sagen, dass sie darin besteht, dass alles so weitergeht. Die Menschheit zerstört die Ressourcen der Erde und gefährdet damit ihr Fortbestehen. Die Geschichten, die vom Weltuntergang erzählt werden, verdichten und berichten im Zeitraffer über diesen Zerstörungsprozess und über mögliche Rettung in der Katastrophe. Die Fragen lauten: Wie kann es nach dem Untergang weitergehen? Wie hätte es vorher anders laufen können, bevor alles unabwendbar aus dem Ruder lief? Welchen Geschichten glauben wir? Und warum? Vor allem jedoch: Was ist das für ein Wesen, das über seinen selbstgemachten Untergang fabuliert?

I Erstsichtungen: Schuld, Rettung und Neubeginn

Ein Atomkrieg hat die Erde zerstört. Der blaue Planet ist für Menschen durch die radioaktive Strahlung unbewohnbar geworden. Lediglich auf einer Raumstation, die die Erde 97 Jahre nach der Katastrophe immer noch umkreist, gibt es Überlebende. Eines Tages soll vielleicht eine Rückkehr möglich sein aus der Ark, der »Arche«, wie die Station heißt, zurück auf die Erde. Doch die Luft geht den Menschen in der Ark schneller aus als erwartet. Darum wird eine Gruppe von 100 jungen Leuten ausgewählt, die auf die Erde zurückkehren sollen. Vielleicht ist ja doch schon ein Neuanfang möglich. Denn das wäre die einzige Chance …

So beginnt die nach einer Buchreihe von Kass Morgan, deren erster Band 2013 erschien, gedrehte Fernsehserie *The 100* (USA 2014 ff.) um eine atomare Katastrophe, die Schuld an der Zerstörung und den Neuanfang.

Woher kommt die Radikalität, die Absolutheit solcher und anderer Geschichten vom Weltuntergang, die seit den 1950ern boomen und unterschiedliche Szenarien entfalten? Mit der Zündung der ersten Atombombe hatte sich etwas Grundlegendes geändert: Seitdem ist der Mensch in der Lage, diesen Planeten einschließlich der Menschheit völlig zu vernichten. Der Weltuntergang – betrachtet man als »Welt« die Erde – ist auf unterschiedliche Weise nicht nur denkbar, sondern buchstäblich »machbar« geworden. Moderne Geschichten über den Weltuntergang erzählen deshalb zumeist von dem, was der *Mensch* an Zerstörung auslöst durch Kriege, Viren, Umwelt- und Klimazerstörung. Der Weltuntergang ist hierbei immer das *vorzeitige* Ende des Planeten Erde, genau genommen seiner Bewohnbarkeit für bzw. durch Menschen. Erzählt wird, wie der Mensch diesen Untergang erlebt, welche Schuld er an ihm trägt, was noch zu retten ist. Denn der Mensch denkt vom Menschen her und in aller Regel auch nicht daran, dass die Sonne sich in etwa 5 bis 7 Milliarden Jahren zum roten Riesen aufblähen und die Erde so oder so unausweichlich verschlingen wird. Jenseits der kosmologischen Kränkung, dass die Erde nicht im Zentrum des Universums steht, sondern ein unbedeutendes Staubkörnchen irgendwo am Rande ist, möchte der Mensch, dass es mit der Menschheit noch einige Generationen weitergehe. Ihn treibt dabei aber die Sorge um, dass es viel schneller zu Ende gehen könnte als gedacht. Vom Weltuntergang lässt sich deshalb umso plastischer erzählen, je spektakulärer, umwälzender und eruptiver das Ereignis ist: Das eine Virus, der eine Krieg, die eine Invasion aus dem All, und alles wird von jetzt auf sofort völlig anders. Solche Erzählungen verdichten den Prozess des Untergangs in für Leser und Zuschauer einfacher wahrnehmbare Formen. Zunehmend wird es schwieriger, die Bedrohung im Blick zu behalten, wird sie doch, wie soll man sagen, schleichender? Mit einiger Berechtigung spricht Eva Horn deshalb von einer »Katastrophe ohne Ereignis«.[2]

Die Weltuntergangserzählungen provozieren die Frage, wie es überhaupt so weit kommen konnte. Was haben wir getan? Wer ist schuld daran? Oder anders gefragt: Was hat es mit dem Menschen auf sich, dass er offenbar verantwortlich für seinen eigenen Untergang geworden ist? Und gibt es noch eine Rettung im Untergang? Fragen, die sich alle Erzählungen vom Weltuntergang stellen müssen.

Dabei ist an diesen Erzählungen einiges merkwürdig: Nicht nur die Schnelligkeit der Veränderung ist für sie typisch, sondern besonders die Tatsache, dass es immer auch zumindest einige Überlebende gibt (was auf den ersten Blick gar nicht so selbstverständlich ist). Dramaturgisch ist das logisch, denn ohne Darsteller keine Handlung. Und wer erzählt, der muss an eine Handlung glauben. Zumindest muss noch jemand übrig sein, der erzählen kann, wie es so kam. Jeder, der erzählt, richtet sich außerdem an ein Publikum, denn sonst würde er nicht erzählen, würde er gar nicht erzählen können. Indem der letzte Mensch erzählt, richtet er sich (auch) an das Publikum vor dem Untergang, von Günter Grass' *Rättin* über Cormack McCarthys expressionistisch-reduzierte Vater-Sohn-Gespräche in seinem Weltuntergangsroman *The Road* bis hin zu *Metro 2033/2034/2035* von Dmitry Glukhovsky über Überlebende eines Nuklearkriegs, die sich in der Moskauer U-Bahn irgendwie am Leben erhalten.

Genauer betrachtet erzählen die Weltuntergangserzählungen also weniger vom Weltuntergang als vom Überleben (einiger) im Geschehen des Untergangs. Gänzlich unverzichtbar ist diese Perspektive für postapokalyptische Computerspiele, in denen der Avatar des Spielers in einer zerstörten Welt bestehen und – mit zunehmender Qualität der Spiele – auch (moralische) Entscheidungen treffen muss, wie er das schaffen will. Doch geht es in den Geschichten, die in Film, Buch oder Spiel erzählt werden, vor allem darum, wie man sich, seine Familie oder am Ende gar die Welt retten kann – zumindest den Menschen und sein Überleben als Gattung, wie z. B. im Film *I am Legend* (USA 2007), der mindestens dritten Verfilmung des Science-Fiction-Klassikers von Richard Matheson aus dem Jahre 1954 (auch das ist interessant: Endzeiterzählungen werden gerne recycelt und den neuen Realitäten der jeweiligen Gegenwart angepasst). Das Geschehen des Weltuntergangs wird also zumeist aus der Perspektive einer Rettungsgeschichte erzählt und eröffnet den Ausblick auf einen Neubeginn. Oder es setzt, wie die amerikanische Fernsehserie *The 100*, direkt mit dem Neubeginn ein, von dem aus der Blick auf die Geschichte des Untergangs gerichtet wird. Damit rücken viele solcher Erzählungen in die Nähe von Utopien und Dystopien, je nachdem, wie der Verlauf des Lebens nach dem Neubeginn gezeichnet wird.

Neu ist das alles nicht. Mit der Moderne ändert sich zwar der Blickwinkel von einer durch Gott bestimmten Welt hin zu einem allein auf sich gestellten Planeten. Die Frage aber, ob nicht alles untergehen könne oder gar müsse, wurde schon seit Jahrtausenden gestellt. Doch kam dem Menschen dabei eine andere Rolle zu, und verbunden damit eine andere Vorstellung von Schuld. In der gedanklichen Konzeption vor der frühen Neuzeit ist der Untergang weniger kausal durch Handlungen verursacht, sondern durch metaphysische Gegebenheiten, etwa durch die Ursünde und die Diagnose der grundsätzlichen Verdorbenheit des Menschen. Zuerst geht es bei diesen Endzeiterzählungen auch gar nicht um die Zukunft, sondern um die Vergangenheit, um die Erinnerung an eine wie auch immer geartete Katastrophe und den anschließenden Neubeginn. Endzeiterzählungen konzentrieren sich anfangs eher auf die Vergangenheit. Wenden wir uns im Folgenden zunächst den frühesten Zeugnissen zu.

II Fluten als das große Reinemachen

Die ersten Geschichten vom Weltuntergang, die als solche erzählt werden, sind Geschichten vom *Untergang* alles Lebendigen im wahrsten Sinne des Wortes, im Wasser nämlich. Vom durch Menschen verursachten Ansteigen der Weltmeere durch globale Erwärmung wusste man damals natürlich noch nichts. Dass das Leben ausgerechnet im Wasser untergeht, dem Element, dem es entsprungen ist, erweist sich als geschickt gesetzte erzählerische Pointe. Es wird aber auch kollektive Erinnerungen bewusster und unbewusster Art an Fluten gegeben haben. In der Antike ist dem Wasser, insbesondere dem Meer, stets eine ambivalente Aura von faszinierendem Leben einerseits und extremer Bedrohlichkeit andererseits zu eigen. Mit zunehmender Beherrschung des Meeres nimmt das Bedrohliche ab. Heute ist das Verhältnis zum Meer oft nur noch verspielt romantisch, geprägt von der Ästhetik der Urlaubsanbieterkataloge: eine ruhige blaue Fläche, die nichts Beängstigendes mehr zu haben scheint. Durchbrochen wurde diese Idylle der Reiseprospekte, als ein schwerer Tsunami im Jahr 2004 über die asiatischen Küsten rollte. Schnell aber gerät das im kulturellen Gedächtnis der nicht vor Ort Lebenden wieder in Vergessenheit. In den alten Kulturen des Mittelmeerraumes und des Vorderen Orients ist das Meer stets die Urflut, die als Chaosmacht zurückgedrängt werden muss, um Schöpfung und Leben überhaupt erst möglich zu machen. Der Gott der Genesis erschafft den Himmel als festes Dach, als *Firmament*, um inmitten der Urflut einen trockenen Raum zu schaffen, in dem man leben kann. Jenseits des göttlich geschaffenen Schutzraums aber ist weiter die Urflut, die alles vernichten kann, ist alles immer bedroht.

Und so ist es bei den Fluterzählungen des Vorderen Orients diese Urflut, die zurückkehrt und alles Leben gleichsam wieder zurücknimmt ins Chaos des Wassers. Lange vor der Abfassung der biblischen Geschichte wird schon von Sintfluten erzählt:

Als älteste zusammenhängende Fluterzählung gilt das altbabylonische Atrachasis-Epos aus dem 19. Jh. v. Chr., das wiederum in Teilen in die Sintflutgeschichte um Utnapischtim aus dem Gilgamesch-Epos eingegangen ist.

Die biblische Sintfluterzählung ist demgegenüber vergleichsweise jüngeren Datums. Dass hier mannigfache literarische Abhängigkeiten bestehen, steht außer Frage. Auch die Sintflutgeschichte um Deukalion und Pyrrha, wie sie sich in der griechischen Literatur findet, könnte wohl literarisch durch ihre vorderorientalischen Vorgängergeschichten beeinflusst worden sein.

Grund für die Sintflut ist in allen genannten Beispielen das Missfallen der Götter am Treiben der Menschen. Im Atrachasis-Epos ist die Menschheit so stark angewachsen, dass sie die Ruhe der Götter stört (was im Gilgamesch-Epos dann allerdings nicht mehr erwähnt wird). Bei Deukalion führt Zeus die Verderbtheit der Menschen an. Rund um Noah ist es gemäß einer Erzähltradition die Bosheit der Menschen, gemäß einer anderen die Verderbtheit der ganzen Welt, die Gott missfällt. Folglich beschließen die Götter bzw. der eine Gott, die Menschheit zu vernichten. Doch stets wird ein Menschenpaar gerettet (sonst würde jetzt ja auch niemand der Geschichte lauschen können). In den babylonischen Erzählungen wird das noch so umgesetzt, dass jeweils einer der Götter einem Menschen im Geheimen vom Vernichtungsplan erzählt, so dass dieser sich und seine Familie (im Gilgamesch-Epos zusätzlich noch nützliche Handwerker) sowie die Tierwelt retten kann. In der biblischen Erzählung gibt es nur den einen Gott, der einen Menschen, Noah, sowie seine Familie erwählt, um den Fortbestand der Menschheit und der Tierwelt zu sichern.

Schuld am Untergang ist die Störung des Verhältnisses zwischen Gott/Göttern und Menschen. Dass dann doch Menschen gerettet werden, weil ein Gott die Menschheit nicht vollends aufgeben will, hat Konsequenzen: Um den Fehler wiedergutzumachen, dass doch Menschen gerettet wurden, verleihen die Götter Utnapischtim Unsterblichkeit. Er rückt näher an die Götter und führt von da an ein zurückgezogenes Inselleben. In der biblischen Erzählung bleibt Noah sterblich, doch Gott beschließt, die Erde nicht erneut um des Menschen willen zu vernichten. Doch warum wird ausgerechnet Noah gerettet? Weil er gerecht war, sagt die eine Überlieferung. Weil Gott ihn erwählte, sagt die andere. Die talmudischen Kommentare spekulieren darüber, ob Noah vielleicht gar kein so wunderbarer Mensch gewesen sei, sondern einer, der nur gemessen an den anderen »untadelig unter seinen Zeitgenossen« erscheint.

Die Fluthelden des Altertums bleiben unkonturiert. Im Vordergrund steht das Walten der Götter und das Flutgeschehen. Das Interesse an Charakter und Motivation des »Fluthelden« ist noch gering. So bleibt eine Leerstelle im Text, die man in der Rezeption immer wieder neu gefüllt hat: In Ernst Barlachs Stück *Die Sündflut* von 1924 erscheint Noah als Prediger der Demut, der hart und mitleidlos gegen seine Mitmenschen auftritt, in Julian Barnes' *Eine Geschichte der Welt in 10 ½ Kapiteln* wird er als cholerischer Säufer und Tyrann beschrieben, und Ralf König lässt ihn in seinem Comicbuch *Archetyp* bigott und selbstgerecht gegenüber den Menschen und einem milde aus dem Himmel sprechenden Gott erscheinen, der Noah schließlich durch einen Trick vor Augen führt, was es tatsächlich bedeuten würde, der letzte Mensch zu sein: Verzweiflung.

Besonders erhellend ist die Interpretation des Protagonisten im Hollywoodfilm *Noah* (USA 2014), weil sie die antike Gestalt kongenial in die Gegenwart transportiert und die alte Untergangsgeschichte der Flut zum Spiegel der gegenwärtigen

Situation von Welt und Menschheit macht. Die Menschheit ist in Barbarei zurückgefallen und hat ihre eigenen Ressourcen aufgezehrt. Alle Kulturerrungenschaften jenseits der Technik des Waffen- und Rüstungsschmiedens scheinen verschwunden. Nahrung ist in der verkarsteten Landschaft knapp. Noah tritt auf den Plan, als er eine Art geschuppten Wildhund (vor der Sintflut offenbar noch im Programm der Schöpfung) gegen die menschlichen Jäger verteidigt. Er ernährt sich vegetarisch, respektiert das tierische Leben als mitgeschöpflich und verteidigt es jenseits der Artgrenze gegen die mörderischen Jäger. Die Menschen, die unter ihrem Herrscher Tubal-Kain versuchen, die Arche noch vor dem Ablegen zu entern, werden mit aller Kraft (und Hilfe vorzeitlicher Wesen, die dem äthiopischen Henochbuch entstammen) zurückgeschlagen. Schließlich schwimmt die Arche. Anders als die Bewohner der *Ark* aus der Serie *The 100* hat der Hollywood-Noah allerdings jede Hoffnung in Sachen Menschheit aufgegeben. Diese Menschheit soll nicht überleben: So versteht er Gottes Plan. Er und seine Familie sollen lediglich die Tiere retten. Danach kann der Mensch getrost aussterben: Gottes Irrtum soll der übrigen Natur nicht länger im Weg stehen. Auch wenn die amerikanische Familienideologie am Ende leicht abgemildert wiederkehrt, bricht Noah in diesem Film mit seinen Artgenossen. Wir, die Besatzung der Arche, werden die letzten Menschen auf Erden sein, so lautet sein unumstößliches Credo. Als seine Schwiegertochter wider Erwarten schwanger wird und dann in urzeitlicher Rekordzeit zwei Mädchen zur Welt bringt, will Noah diese töten, um Gottes Plan der Vernichtung der Menschheit zur Realisierung zu verhelfen. Der Anblick der kleinen Mädchen schließlich lässt ihn aus seiner unbeirrbaren Menschenfeindschaft erwachen. Dass es eigentlich um seinen, um Noahs Willen geht, darüber muss er von seiner Adoptivtochter erst aufgeklärt werden. In der Moderne, in die der Regisseur Aronofsky Noah gedanklich hineinbefördert, kann kein Gott mehr entscheiden, wie es mit der Menschheit weitergehen soll. Kampf und Gewalt oder Rettung des Lebendigen: Die Wahl liegt beim Menschen allein.

Die antiken Sintflutgeschichten erzählen von der Bedrohung des Menschen durch eine gefährliche Welt. Die Natur ist für den Menschen bedrohlich, in Gestalt von Katastrophen kann das Schicksal jederzeit zuschlagen. Dessen Willkür spiegelt sich im Gedanken an ein unverfügbares Strafen der Götter, die ihr eigenes Urteil über den Menschen und die Welt gefällt haben.

Von der Bedrohlichkeit der Technik, der menschengemachten Zerstörung der Umwelt ist dort natürlich noch keine Rede. Sie werden erst in modernen Umsetzungen des Flutthemas wie Aronofskys Noahfilm thematisiert, in dem die Menschen die Wälder roden und mit dem Holz die Öfen für ihre Waffenproduktion beheizen. Der Mensch wird zum Handlungssubjekt und zum Entscheidungsträger – mit aller Verantwortlichkeit, die das mit sich bringt.

III Apokalypse als ersehnter Neubeginn

Um 200 vor unserer Zeitrechnung dreht sich in den Vorstellungen der jüdisch-apokalyptischen Schriften das Bild: Der Weltuntergang wird zur Vision einer Zukunft, deren möglichst frühzeitiges Eintreffen herbeigesehnt wird. In den Bedrängnissen, denen sich die jüdische Gemeinschaft im vorderasiatischen Raum ausgesetzt sieht, erscheint der Untergang der bestehenden Weltreiche den Unterdrückten nicht als Schreckgespenst, sondern als Rettungsphantasie. Auf diesem Denkschema basiert auch die *Apokalypse des Johannes*, die sich um das Jahr 100 n. Chr. den Untergang der Welt herbeiwünscht; allerdings nicht um seiner selbst willen, sondern aus dem Grunde, dass eine neue, bessere und für die Unterdrückten gerechtere Welt von Gott geschaffen werden möge. Ob man den Weltuntergang fürchtet oder ihn herbeisehnt, liegt offenbar daran, wie man sich selbst im Gefüge der Welt verortet: Die Mächtigen werden ihn fürchten, die Schwachen ihn herbeisehnen.

Apokalypse bedeutet ins Deutsche übersetzt »Offenbarung« oder »Bekanntmachung«. Heute wird die Bedeutung des Wortes in der Alltagssprache meist auf »Weltuntergang« reduziert. Damit nimmt man dem Begriff seine Doppeldeutigkeit. Es geht nämlich nicht nur darum, dem Leser den bevorstehenden Weltuntergang zu enthüllen, sondern auch darum, offenzulegen, wie die Weltzusammenhänge sind, die zu diesem Untergang führen sollen. Die *Apokalypse des Johannes* ist darum nicht nur eine Zukunftsankündigung, sondern auch eine Analyse der Gegenwart seines Verfassers durch diesen selbst. Diese Gegenwartsanalyse weist die Schuld am Weltuntergang klar zu. Seine Ankündigung und sein katastrophenfilmartiges Ausmalen benennen zum einen die dem Untergang Geweihten und zum anderen diejenigen, die am Ende gerettet werden. Das verführt bis heute dazu, in simplem Biblizismus die eigenen Leute zu Erwählten zu erklären, alle anderen aber zu verdammen: Der eigene Lebensstil wird zur Erfüllung göttlichen Willens.

Der Fehler liegt auf der Hand. Jede Deutung eines Schriftstücks, das ohne Berücksichtigung der Zeitumstände einfach allegorisch die Personen der Handlung auf sich selbst in der Jetztzeit bezieht, muss sich den Vorwurf gefallen lassen, schlicht und einfach unzulässig zu projizieren. Der amerikanische Prediger John Hagee etwa, der teilweise massiven Einfluss auf republikanische Politiker hat, konstruiert sein Geschichtsbild von einer simplizistisch-biblizistischen Lesart der Offenbarung her. Wer seine politischen Gegner als Reich des Bösen bezeichnet, sitzt einer dualistischen Weltsicht auf, die im Kern letztlich dem Gegner das Menschsein abspricht und in Freund-Feind-Kategorien der Fantasy, wie z. B. Elben gegen Orks, denkt.

Dabei bietet gerade die *Offenbarung des Johannes* vor allem eine Analyse ihrer eigenen Zeit, die auch zum Spiegel der Gegenwart werden kann, wenn man sie über den hermeneutisch notwendigen Umweg der historischen Kritik liest. Wer aber die speziellen Umstände der vergangenen Zeit nicht kennt, der wird auch die Gegenwart durch seine Lektüre nicht erhellen, sondern das Verstehen der eigenen Zeit nur verdunkeln können.

Ein Beispiel: In der *Offenbarung des Johannes* werden im 17. und 18. Kapitel die Strukturen der römischen Weltwirtschaftsordnung angeprangert. Die Hure Babylon, die vernichtet wird, repräsentiert das Rom der johanneischen Zeit, genauer gesagt: den ökonomischen Aspekt der römischen Herrschaft. Die römische Wirtschaftsordnung sorgt dafür, dass in den Provinzen des Reiches Luxusgüter für die Zentrale produziert werden. Entsprechend heißt es im Text:

> Auch die Kaufleute der Erde weinen und klagen um sie, weil niemand mehr ihre Ware kauft: Gold und Silber, Edelsteine und Perlen, feines Leinen, Purpur, Seide und Scharlach, wohlriechende Hölzer aller Art und alle möglichen Geräte aus Elfenbein, kostbarem Edelholz, Bronze, Eisen und Marmor; auch Zimt und Balsam, Räucherwerk, Salböl und Weihrauch, Wein und Öl, feinstes Mehl und Weizen, Rinder und Schafe, Pferde und Wagen und sogar Menschen mit Leib und Seele (Offb 18,11b–13).

Es werden ausschließlich Luxusgüter genannt. Selbst das Mehl ist »feinstes Mehl«. Am Ende wird auch der Sklavenhandel erwähnt.

Diesen Befund kann man, historisch reflektiert, durchaus auf die heutige Zeit übertragen: Die römische Weltwirtschaftsordnung ähnelte offensichtlich der heutigen. Die Produktion von Luxusgütern, seien es heute Tee, Kaffee, Kleidung, der Abbau von Rohstoffen oder »feinster Erden« wie Coltan für die Handyproduktion, findet in der Dritten Welt statt. Dass Umgangsformen mit Menschen, die dem Sklavenhandel entsprechen, auch heute zu beobachten sind, zeigen die Bedingungen der Prostitution im Zeitalter der Globalisierung oder auch die Arbeitsbedingungen beim Stadionbau für die FIFA in Katar, um zwei Beispiele zu nennen. Freilich ist der Zentralismus des Römischen Reiches, in dem es eine Stadt bzw. die »Urbs« gab, in die alles floss, heute einem polyzentrischen System gewichen. »Babylon« verteilt sich heute, wenn man so will, auf alle westlichen (und viele östliche) Großstädte wie New York, London, Hongkong, Frankfurt oder Chicago. Damit ist aber auch klar, dass es für Bewohner der Ersten Welt keine Möglichkeit gibt, sich mit den Unterdrückten der *Johannesapokalypse* direkt zu identifizieren. Überträgt man jedoch deren Analyse auf uns (in historischer Verfremdung), so wird deutlich: Wir sind Babylon.

Der Weltuntergang, den viele der im Weltmaßstab reichen fundamentalistischen Leser der *Apokalypse* heute herbeisehnen, ist entsprechend ein ganz anderer als der von Johannes herbeigesehnte. Die Bigotterie der Frommen erhofft sich die Garantie, ihr vergleichsweise luxuriöses Leben und ihre saturierten Überzeugungen bis in alle Ewigkeit weiter fortführen zu können, wenn sie dabei nur nicht durch Pöbel, der nicht der eigenen Façon entspricht, gestört werden. Mag der doch sehen, wo er bleibt!

Der *Apokalypse des Johannes* geht es im Gegensatz dazu um den Untergang der ungerechten und die Errichtung einer neuen und gerechten Welt für die, die bisher unter Unterdrückung und Ausbeutung gelitten haben. Einer Welt, in der »Leid und Geschrei vergangen sind und in der alle Tränen abgewischt werden«, wie der Autor schreibt. Der Wunsch nach dem Untergang der Welt und damit des bestehenden Systems resultiert hier aus der Sehnsucht nach Gerechtigkeit und Rettung der Geknechteten. Genau aus diesem Grunde war und ist die *Apokalypse* für die Befreiungstheologie ein so wichtiger und grundlegender Text: Für diejenigen, für die die Welt jeden Tag untergeht oder untergehen kann, weil die Macht der Ausbeuter ihr Leben zerstört, ist die Zerstörung des Zerstörerischen nämlich kein Untergang, sondern Rettung. Wer nichts zu verlieren hat, der sehnt den Untergang gerade derer herbei, die die besseren Karten erhalten haben, also der Profiteure und Gewinner.

Um es zusammenzufassen: Ein Text wie die *Johannesoffenbarung* ist auf mehreren Ebenen lesbar. Zum einen erzählt er von den Lebensumständen seiner Zeit. Da der Verfasser und seine ersten Leser diese als ungerecht empfinden, kündigt er deren Ende an: Die Unterdrückung wird (durch Gott) beendet werden. Und so entwirft er die Vision einer Zukunft ohne Leid und Tränen. In der erzählerischen Ausmalung dieser Hoffnung werden aber auch grausame Rachephantasien der Unterdrückten laut. Die Rache jedoch – und darin unterscheidet sich die *Apokalypse des Johannes* von den fundamentalistischen Rachephantasien der Gegenwart – ist Gott vorbehalten. Auf ihn hofft man. Das bremst den eigenen Furor.

Biblizistisch gelesen dient die Vision vom Untergang der alten und der Entstehung einer neuen Welt aber heute auch vielen dazu, sich selbst in leserischem Kurzschluss als erwählt anzusehen. Für die Unterdrückten ist die Apokalypse eine Trostschrift, die aufzeigt, dass es anders, dass es gerechter sein wird in Zukunft. Für diejenigen, die von Ausbeutung profitieren, war und ist sie zu allen Zeiten eine bedrohliche Anfrage. Deswegen muss sie dann interpretatorisch umgebogen werden in eine Bestätigung des eigenen Status quo. Demgegenüber liegt die Chance einer selbstkritischen Lektüre der Apokalypse darin, sich selbst *historisch reflektiert* in ihr zu erkennen und zu begreifen, was in der Welt sich ändern muss.

IV Weltuntergang durch Gefahr von außen

Wer ist also schuld am Weltuntergang? Vor allem die Außerirdischen, folgt man phantastischen Geschichten seit den 1950er Jahren. Aber auch ein Komet oder Asteroid käme in Frage, bedenkt man, dass die Existenz der (nach Bakterien, Viren und Fischen) bisher erfolgreichsten Lebensform auf unserem Planeten, der Dinosaurier, wie viele vermuten durch den Einschlag eines solchen Himmelskörpers und die unmittelbaren Folgen in der Atmosphäre beendet wurde.

Sehr wahrscheinlich ist beides nicht. Ein Zusammentreffen von Menschen mit Außerirdischen muss als höchst unwahrscheinlich gelten. Schließlich müssten die beiden Spezies, Mensch und Alien, nicht nur im Raum, sondern auch in der Zeit zusammenfinden. Angesichts der riesigen Raum- und Zeitabstände im Universum muss das als sehr unwahrscheinlich gelten – auch wenn es ziemlich wahrscheinlich ist, dass es im Universum anderes intelligentes Leben gab oder geben wird.

Im Gegensatz dazu ist der Einschlag eines das Leben auf dem Planeten Erde bedrohenden Himmelskörpers schon eher denkbar. Ab 1 km Durchmesser würde ein solcher Einschlag auf der Erde zum Weltuntergangsszenario. Die Wahrscheinlichkeit hierfür variiert zwischen 1× pro 500 000 und 10 Millionen Jahren.

Doch provozieren beide Szenarien, trotz ihrer Unwahrscheinlichkeit, die Phantasie. Der Grund dafür liegt darin, dass in ihnen andere menschlich und gesellschaftlich relevante Fragen zum Ausdruck kommen – teils untergründig und teils explizit.

Außerirdische und Kometen: Im einen Fall ist es ein Feind, mit Bewusstsein und zerstörerischer Absicht, im anderen Fall ist es der Zufall im Naturgeschehen, der einen bedenklich großen Steinbrocken in unsere Richtung bewegt und einen beachtlichen Eindruck hinterlässt: *Deep Impact* – so heißt auch ein Katastrophenfilm, der 1998 in den USA produziert wurde und sich ein Rennen um den größeren Publikumserfolg mit dem im gleichen Jahr erschienenen Film *Armageddon* lieferte, welches letzterer um Längen gewann. Beide Filme weisen eine Reihe von Motiven auf, die für Katastrophenfilme dieser Art typisch sind:

a) Im Angesicht der Gefahr ist die Menschheit geeint.
b) Das Problem lässt sich technisch lösen.
c) Mut und Opferwillen des Einzelnen sind im Überfluss vorhanden und entscheidend.
d) Die Familie bietet den sicheren Ausgangspunkt und das Kraftzentrum für alle Aktionen.

Sei es ein Komet oder ein Angriff Außerirdischer: Da der Feind von außen kommt, werden die irdischen Konflikte unwichtig. In dem Bemühen, der äußeren Bedrohung etwas entgegenzusetzen, vereint man alle Kräfte. Die Frage des Überlebens der Menschheit ist nämlich keine nationale Frage. Allerdings zeigt sich in US-amerikanischen Produktionen teilweise ein erhebliches Vertrauen in die eigene Führungsrolle in der Welt. Natürlicherweise ist die Perspektive eines Filmes durch sein Produktionsland und den Ort, an dem er spielt, bestimmt. Besonders in US-amerikanischen Blockbustern reicht der Blick aber selten weit über das eigene Land hinaus. In seltsamer Provinzialität ist ja Los Angeles oftmals Produktionsort und Spielort in einem. Dass aber die Bevölkerung anderer Staaten der Welt am Ende der Filme zur jubelnden Masse verkommt, die von den USA vor dem drohenden Weltuntergang gerettet wurde, wie dies in Filmen wie *Armageddon* oder auch *Independence Day* (USA 1996, zweiter Teil 2016) geschieht, lässt einen doch mit einem gewissen Unbehagen zurück. Hier mischt sich das gleiche Erwählungsdenken ins populäre Filmgeschehen, das die amerikanische Außenpolitik – neben schlichter ökonomischer Gier – seit dem Ende des Zweiten Weltkriegs bestimmt hat. Der Gedanke der einen Menschheit, die vor dem Untergang bewahrt werden soll, wird flankiert von dem Bewusstsein, als »God's own country« quasi per Geburtsrecht die Führungsrolle zu übernehmen. Die Gefahr liegt nahe, die innerterrestrischen Feinde der eigenen Nation und Überzeugung strukturell ähnlich zu betrachten wie die Aliens oder die Kometen: Verhandeln ist zwecklos, nur Raketen können helfen.

Das Motiv der technischen Machbarkeit ist mit dem des individuellen Mutes und Opferwillens eng verbunden. Zunächst einmal erweist sich nämlich die Natur als übermächtig, wenn der Komet auf die Erde zubraust. Und die Aliens sind meist technisch deutlich überlegen – sie wären sonst ja auch gar nicht in der Lage gewesen, die Erde zu erreichen, um sie zu zerstören bzw. den Menschen auszurotten. Die Kombination aus Nutzung der eigenen, zwar unterlegenen, aber letztlich doch hilfreichen Waffentechnik mit dem Mut und der Opferbereitschaft einzelner Kämpfer verhilft schließlich zum Sieg. Selten wird das Überlegenheitsgefühl der Amerikaner relativiert – mit einer Ausnahme, die aber eher die Regel bestätigt: Der Film *Mars Attacks!* von Tim Burton (USA 1996) liefert eine Persiflage u. a. auf *Independence Day*. Countrymusic zeigt schließlich als einziges Mittel gegen die Marsianer Wirkung. Von derartigen Lauten gequält, platzen den zynischen kleinen Monstern in ihren Glashelmen die Köpfe.

Das Motiv der Familie schließlich weist aber viel eher auf eine tribalistische, an einer geschlossenen Gruppe wie einem Stamm orientierten Ideologie hin und resultiert gleichzeitig in einer Erzählstruktur, die den Kampf gegen die übermächtigen Gewalten aus der Mikroperspektive schildert. Das zu bewahrende Leben zeigt sich in der kleinsten Einheit, deren Mitglieder schließlich das globale Bestehen der Menschheit sichern werden: Am Ende wird das junge Paar bzw. die Kleinfamilie überleben, um damit symbolisch das Weiterbestehen der Menschheit zu sichern – eine Blockbuster-Strategie, die allerdings in anderen Katastrophenszenarien, insbesondere in den neuen epischen Serien, auch immer häufiger unterlaufen wird.

Wie fremd aber ist das Andere? Das Alien wird zwar als das schlechthin andere empfunden – ist aber eben darum so zutiefst menschlich. Alles, was der Mensch, psychologisch gesprochen, abspaltet, gewinnt im Alien erzählerisch Gestalt. Schon der Begriff des »Alien« ist vieldeutig und vielsagend, kann er doch »Außerirdischer«, aber auch einfach »Fremder« oder »Ausländer« bedeuten.

Im feindlichen Alien personifizieren sich unterschiedliche menschliche Ängste. Bei aller technischen Überlegenheit ist seine Gestalt zumeist raubtierhaft, oft ähnelt es Insekten oder sondert Schleim ab. Die stammesgeschichtliche (phylogenetische) Angst des Menschen vor dem Raubtier, das ihn töten (und dann vermutlich fressen) will, verkörpert sich so in der Gestalt des Außerirdischen, der immer wie selbstverständlich die Menschheit ausrotten, zumindest aber alle Menschen, die im Wege sind, ohne Unterschied und so effizient und schnell wie möglich töten will. Das geht so von der legendären Serie von *Alien*-Filmen, die mit Ridley Scotts *Alien* von 1979 begann, bis zu den aggressiven Außerirdischen in *Independence Day*. Dass die Außerirdischen so oft mit zerstörerischen Absichten den Planeten Erde erreichen, verweist auf den Menschen selbst zurück: Die Außerirdischen in *Independence Day* wollen den Planeten ausbeuten. Sie wollen alle Energie aus dem Erdkern ziehen und diese für ihre eigene Energieversorgung nutzen. Warum dafür zuerst noch der Großteil der

Menschheit ausgerottet werden muss, bleibt unklar, wie auch die Methode der Energiegewinnung eher bizarr anmutet.

Leicht kann man deshalb einen solchen Film als Spiegelung des Heuschreckenkapitalismus lesen: Die Ressourcen eines Gebietes werden ausgebeutet, der Untergang der dort lebenden indigenen Flora, Fauna und menschlichen Bevölkerung als Kollateralschaden in Kauf genommen. Und wenn nichts mehr zu holen ist, geht es zur nächsten Schürfstelle.

Doch ist auch das nicht sonderlich neu: Schon im alten Griechenland wurde um die Städte herum und in den Kolonien landwirtschaftlicher Raubbau betrieben, der schließlich zu extremen Krisen führte. Solon von Athen hatte 590 v. Chr. erfolglos versucht, Hangbewirtschaftung und Waldrodung zu stoppen.[3]

Das Römische Reich verbrauchte rücksichtslos Ressourcen, und mit »Wasser, Holz, Getreide, Fleisch alle möglichen Konsumgüter. Alles wurde aus dem Umland und den Provinzen in diesen gefräßigen Moloch gekarrt. Mit der wachsenden Expansion des Römischen Imperiums nahm die Sogkraft seines Zentrums zu.«[4]

Viel später dann, mit der »Entdeckung Amerikas« und der Gründung der europäischen Handelskompanien etwa 100 Jahre danach, begann das Zeitalter des globalen Kapitalismus, wie wir ihn heute kennen

Mit anderen Worten: Die Aliens sind wir. Im Blockbuster-Genre, das Massen erreichen soll und entsprechende Stereotype anbieten muss, kann das Alien nicht anders modelliert sein als menschenähnlich, also ausgestattet mit freiem Willen, Emotionen und mit einer monströs verformten humanoiden Gestalt. Oder anders: Die den Menschen überfallenden Aliens sind nichts anderes als der Spiegel des Menschen *at his worst*.

Man kann noch weitergehen: Der Angriff aus dem Weltall ist nichts anderes als die massenmedial gespiegelte Gefahr, die dem Planeten Erde und seiner menschlichen Bevölkerung in deren eigenem ökonomischen und militärischen Zerstörungspotential begegnet. Den Feind zu vernichten und sein Gebiet im Anschluss, soweit wie es irgend geht, auszubeuten – war das nicht das Ziel aller Kriege?

V Weltuntergang durch Technik: Klima, Strahlung, Maschinen, Atomkrieg

Zwei Weltuntergangsszenarien sind in unserer Gesellschaft im Moment neben der weltweiten Ausbreitung von ansteckenden Krankheiten, wie wir sie im Jahr 2020 mit dem Coronavirus erleben, besonders präsent. Zum einen wird die Gefahr des Klimawandels als besonders bedrohlich wahrgenommen, zum anderen fühlt sich der Mensch zunehmend als Auslaufmodell. Die Technik scheint ihn in Gestalt von intelligenten Maschinen zu überholen, die drohen, ihn in mittlerer Zukunft abzulösen.

Dass die Gefahren der Technik ein ontologisches Ausmaß erreichen, weil die Menschheit sich selbst vernichten kann, wird immer klarer. Der Philosoph Günther Anders hat das schon 1956 deutlich formuliert:

> Wenn es im Bewußtsein des heutigen Menschen etwas gibt, was als absolut oder als unendlich gilt, so nicht mehr Gottes Macht, auch nicht die Macht der Natur, von den angeblichen Mächten der Moral oder der Kultur ganz zu schweigen. Sondern *unsere* Macht. An die Stelle der, omnipotenzbezeugenden, *creatio ex nihilo* [die Schöpfung aus dem Nichts] ist deren Gegenmacht getreten: die *potestas annihilationis* [die Fähigkeit zur Auslöschung], die *reductio ad nihil* [die Zurückführung auf Nichts] – und zwar eben als Macht, die in unserer eigenen Hand liegt. Die prometheisch seit langem ersehnte Omnipotenz ist, wenn auch anders als erhofft, wirklich unsere geworden. Da wir die Macht besitzen, einander das Ende zu bereiten, sind wir die *Herren der Apokalypse. Das Unendliche sind wir.* –[5]

Anders meinte damit die Atombombe. Im Vorwort zur 5. Auflage seines Werkes über die *Antiquiertheit des Menschen* erwähnte er 1979 allerdings schon die von ihm als ähnlich bedrohlich erachtete Umweltproblematik.

> Die drei Hauptthesen: daß wir der Perfektion unserer Produkte nicht gewachsen sind; daß wir mehr herstellen als vorstellen und verantworten können; und daß wir glauben, das, was wir können, auch zu dürfen, nein: zu sollen, nein: zu müssen – diese drei Grundthesen sind angesichts der im letzten Vierteljahrhundert offenbar gewordenen Umweltgefahren leider aktueller und brisanter als damals.[6]

Dass wir der Produktion und der Perfektion unserer Produkte nicht mehr gewachsen sind, könnte sich im Hinblick auf die Entwicklungen im Bereich der Künstlichen Intelligenz und der selbst entscheidenden Maschinen zukünftig bewahrheiten. Die (wissenschaftliche) Neugier des Menschen ist einfach zu groß. Es liegt in der Natur des Menschen, sich selbst zu transzendieren – im Guten wie im Schlechten. Die Science-Fiction-Phantasien vom Aufstand der Roboter, auf die wir später noch ausführlich eingehen, verleihen dieser Sorge in besonderem Maße Ausdruck.

Im Blick auf die Umweltzerstörung ist es wohl eher so, dass die Folgen geleugnet oder falsch eingeschätzt wurden. Welches Ausmaß die industrielle Produktion und damit die Verschmutzung der Welt haben würde, wurde erst spät eingesehen. Und damit konstruktiv umzugehen, diese Entwicklung aufzuhalten, erweist sich aufgrund der Dominanz des ökonomischen Systems als derzeit nahezu unmöglich. Es ist die eine große Erzählung von der Alternativlosigkeit der permanenten ökonomischen Steigerung, die alle Versuche, anders zu denken, bisher auszuhebeln scheint. Immer wieder wird der gesellschaftliche

Eindruck erzeugt – und damit ist man bei Anders' dritter These –, ökonomische Sachzwänge (Arbeitsplätze, Erhalt des Lebensstandards) machten nachhaltiges umweltpolitisches Handeln anscheinend unmöglich.

Das Klima

Weil die Folgen der Umweltzerstörung schleichend sind, tritt tatsächlich so etwas ein wie Apokalypse-Blindheit: Man hört von Verschiebungen im Klima, vom Abholzen der Regenwälder und von steigenden Wasserspiegeln der Weltmeere, kann sich aber die katastrophalen Folgen nicht so recht vorstellen. Die Sommer in Europa werden wärmer; aber das empfindet man in Deutschland auch als nicht unangenehm. Die anhaltende Dürre des Sommers 2018 in Deutschland machte zwar den Klimawandel vielen bewusster, weil die Grenze des Angenehmen angesichts von Rekordniedrigständen der Flüsse und beginnenden Versorgungslücken beim Benzin zeitweise überschritten worden war. Aber selbst hier wird der Zusammenhang zwischen Wetter, Klima und menschlichem Einfluss für die meisten eher emotional spürbar als rational nachvollziehbar.

Der Traum der instrumentellen Vernunft, die Welt zu einem immer reicheren und bequemeren Ort zu machen, hat in der Tat Ungeheures geboren. Früh mahnten Horkheimer und Adorno in ihrer *Dialektik der Aufklärung*:

> Seit je hat Aufklärung im umfassendsten Sinn fortschreitenden Denkens das Ziel verfolgt, von den Menschen die Furcht zu nehmen und sie als Herren einzusetzen. Aber die vollends aufgeklärte Erde strahlt im Zeichen triumphalen Unheils.[7]

Was fehlt, sind die Bilder, um eine solche schleichende Katastrophe überhaupt darzustellen. Bilder abgemagerter Eisbären, die viel zu lange auf der Suche nach Nahrung über die weit auseinanderliegenden Eisschollen wandern, sind beeindruckend. Aber der Weg vom hungernden Eisbär zum CO_2-Ausstoß ist weit und verschlungen. Die Satellitenaufnahmen vom Zurückweichen des Eises um Grönland und die Arktis sind eindrucksvoll, aber sie berühren wenig. Den schleichenden Untergang in einer Weise zu zeigen oder zu erzählen, die Zugang zum emotional-moralischen Reaktionszentrum menschlichen Verhaltens findet, ist schwierig. Betrachtet man Al Gores Dokumentation *An Inconvenient Truth* (USA 2006) bzw. deren Fortsetzung *Still an Inconvenient Truth* (USA 2017), so erfordert der Film – ungeachtet seiner Relevanz – ein gewisses rationales Grundinteresse und Durchhaltevermögen.

Dass das Medium Film Schwierigkeiten hat, den schleichenden Untergang adäquat darzustellen, leuchtet schnell ein: Das Schleichende muss irgendwie ins Plötzliche überführt, der langsame Wandel im Zeitraffer dargestellt werden.

Roland Emmerich hat dies in seinem *The Day After Tomorrow* (USA 2004) versucht. Der Film beginnt mit einer Kamerafahrt über die antarktische See, auf der Eisschollen schwimmen. Es geht weiter über die Weite des antarktischen Eises, bis man von oben ein kleines Camp erkennen kann. Eine US-amerikanische Flagge wird kurz eingeblendet nebst dem Schriftzug: Larsen B Eisplatte Antarktis. Die Kamera schiebt sich an der Flagge vorbei, und man sieht zwei in dicke Parkas eingepackte und bemützte Menschen, die sich an einem Bohrer zu schaffen machen. »Weißt du jetzt, wie es geht?«, fragt der eine und erhält zur Antwort: »Ja, ich denke, ich hab den Bogen raus.« Während der eine in einem Container verschwindet, setzt der andere den Bohrvorgang fort.

Plötzlich beginnen sich Risse im Eis zu bilden. Der Bohrer stößt in einen Hohlraum, und es bilden sich weitere Risse. Die beiden Kollegen im Container werden durch die Geräusche alarmiert und sehen, als sie herausstürzen, gerade noch, wie ihr Kollege zusammen mit dem Bohrer im Eis einbricht. Knapp kann er gerettet werden, während der Bohrer in die Tiefe stürzt. In einer hasardeurhaften Aktion springt einer der Bohrleute, die man als Forscher zu identifizieren beginnt, über den sich erweiternden Graben und schützt einen Stapel Bohrkerne. Das Material muss gerettet werden, das gesammelte Wissen, das im tausende Jahre alten Eis steckt, soll nicht verlorengehen.

Nach dieser Szene blendet der Film in eine Konferenz der UN über globale Erderwärmung, auf der der soeben noch Eisspalten überspringende Forscher den überraschten UN-Abgesandten erklärt, dass es nun Beweise für Klimaerwärmungen gebe, Erderwärmungen, die ihrerseits in *the long run* wiederum zu Eiszeiten führen könnten. Der Vertreter der Vereinigten Staaten von Amerika verweist darauf, dass dagegen etwas zu tun doch offenbar sehr teuer werde und die Volkswirtschaft schädige. Der Forscher entgegnet ihm, dass nichts zu tun am Ende wesentlich teurer werde. Der Film blendet in die Stadt Neu-Delhi. Und dort schneit es.

Die Eingangssequenz des eher trivialen Katastrophendramas findet zwar klischeehafte, aber doch hochsymbolische Bilder für ein eigentlich mit den Mitteln des Films nur schwer fassbares Geschehen. Man könnte den sich durch das Eis ziehenden langen Riss symbolisch als den Bruch, als die Veränderung deuten, die sich in der Natur ereignet, aber auch als den Riss, der zwischen Mensch und Natur existiert. Emmerichs Film spielt auf das Abbrechen der Larsen-B-Schelfeis-Platte im Jahr 2002 an. Sehr ähnliche realistische und umso eindrucksvollere Bilder existieren von einem gewaltigen Riss, der die Eisplatte Larsen C durchzieht, die um ein Vielfaches größer ist als Larsen B und sich seit 2017 ebenfalls aufzulösen droht. Man kann hier das Resultat globaler Erwärmung tatsächlich nachverfolgen, es wahrhaftig sehen. Gleichzeitig wird dem Zuschauer durch den Schnitt des Filmes der Eindruck nahegelegt, der Abbruch werde durch die Bohrung erst herbeigeführt. Vielleicht sind diejenigen, die dort im Eis herumbohren, auf der Suche nach Erdöl oder anderen Bodenschätzen, die der Mensch gebrauchen will? Anders' Thesen werden hier quasi mit Händen greifbar: Wir können und wir wollen anscheinend nicht anders.

Die schleichende Strahlung

Tschernobyl 1986: Schwer verstrahlte Menschen sterben an den Folgen von Radioaktivität. Bei anderen zeigen sich die Folgen erst Jahre später: Es kommt zu erhöhten Zahlen von Krebstoten und Missbildungen bei Kindern. Tschernobyl und vor kurzem erst Fukushima haben deutlich gemacht, dass es sich bei der Furcht vor atomaren Unfällen nicht um die Angstphantasien einiger fehlgeleiteter Technikphobiker handelt, sondern um sehr reale Gefahren: eine gruselige Kette von menschlichen Fehlentscheidungen und Selbstüberschätzung (man wollte eigentlich die Leistungsfähigkeit des Reaktors bei Überlastung beweisen, um so den Vorgesetzten zu imponieren – doch lief das Ganze aus dem Ruder, und keiner wollte die Verantwortung übernehmen).

Der katastrophale Unfall von Tschernobyl am 26. April 1986 hätte die Befürworter der gefährlichen Technologie zu der Einsicht bringen können, dass es eben doch ein erhebliches Restrisiko gab. Dies war jedoch nicht der Fall, denn man sieht eben offenbar nur das ein, was man einsehen will. Dass es bereits sieben Jahre vorher zu einer partiellen Kernschmelze im Reaktor Three Mile Island bei Harrisburg in den USA gekommen war, war zu Tschernobyls Zeiten schon fast vergessen. Für den schweren Unfall mit Uran-Abraum in New Mexico, bei dem noch erheblich höhere Mengen an Radioaktivität freigesetzt wurden, interessierte man sich wenig. Betroffen waren damals im Wesentlichen ja auch nur amerikanische Ureinwohner. In Tschernobyl war es dann die Schlampigkeit der Russen, die schuld war. Der damalige Innenminister Friedrich Zimmermann verkündete, dass keine Gefahr bestünde und in deutschen Reaktoren ein solcher Unfall ausgeschlossen sei. Unsere Reaktoren seien, so Zimmermann, »die teuersten, aber auch die besten in der Welt«. Mit diesen Worten formulierte er eine eigene Erzählung, eine Gegengeschichte zu Goethes Gedicht vom Zauberlehrling, wie sie immer wieder, um die Unterscheidung von Umberto Eco aufzunehmen, von den Integrierten gegenüber den Apokalyptikern erzählt wird, nämlich die Geschichte von der prinzipiellen Beherrschbarkeit alles Gefährlichen. Es ist noch immer gutgegangen, lautet ihr Credo. Der Protagonist dieser faszinierenden Geschichte ist das überlegene Wir, ihre letztlich machtlosen Gegenspieler sind die anderen, die es leider nicht so gut können. Schon das Alte Testament kennt die festangestellten Hofpropheten, die den Sieg des Königs vorhersagen (müssen) und die Warnungen der freien kritischen Propheten vor dem Untergang durch Erzählen von der eigenen Überlegenheit zu übertönen versuchen. In den biblischen Erzählungen behalten die Mahner fast immer recht: Das alte Israel wird mehrfach durch Angriffe äußerer Feinde überrollt. Nur in der Erzählung vom Propheten Jona gelingt es, den Untergang zu verhindern – gerade weil er diesen ohne Wenn und Aber ankündigt, den Leuten sagt: »Ihr werdet untergehen. So viel ist sicher.« Paradoxerweise ändern sie gerade auf diese kompromisslose Ankündigung hin ihr Verhalten radikal – und dürfen überleben. Die Rettung entspringt also bereits hier schon nicht der Beruhigungsrede, sondern der Erzählung vom Untergang.

Vorstellen konnte man sich im westlichen Europa nach Tschernobyl nicht wirklich, was da passiert sein sollte. Die Weltöffentlichkeit erfuhr nur aufgrund schwedischer Messungen davon, dass radioaktive Strahlung entwichen war. Die Sowjetunion gab in den ersten Tagen überhaupt keine und dann nur spärlich Informationen heraus, die die Schwere des Unfalls kleinredeten. Eine radioaktive Wolke ist nicht fotografierbar.

Ein literarisches Bild versuchte Gudrun Pausewang zu malen, indem sie 1987 als Reaktion auf Tschernobyl ihr Buch *Die Wolke* veröffentlichte. Der im Jahr 2006 dann auch verfilmte Roman spielt einen atomaren Unfall in der Bundesrepublik durch. Beschrieben wird das Phänomen der radioaktiven Strahlung, die man nicht sehen, nicht hören, nicht riechen kann, die sich aber unmerklich ausbreitet. Die Autorin beschreibt, wie für die, die sich nahe des Zentrums der Katastrophe wiederfinden, alles viel schneller geht: die Folgen der Strahlung, der Krebs, das Sterben. Vor allem aber beschreibt sie die sozialen Folgen: den Verlust von Heimat, den Verlust des Gefühls von Sicherheit und Schutz in der Welt, die sofortige Ausgrenzung »Verstrahlter« und die Einkesselung der unheilbar schwer Verstrahlten. Wer den inneren Ring des Unglücks in Pausewangs Roman verlassen will, wird schlicht aus dem Grunde, weil er selbst strahlt und damit eine Gefahr für sein Umfeld darstellt, erschossen. Auch die wirtschaftlichen Folgen wie der massive Anstieg von Lebensmittelpreisen, ja, eine generelle Wirtschaftskrise, werden beschrieben.

»Wir werfen weiter, als wir Kurzsichtige sehen können.«[8] Dieser Satz von Günther Anders hat durchaus noch seine Gültigkeit. Sicherlich ist es möglich, Berechnungen aufgrund von Wahrscheinlichkeitsmodellen durchzuführen, die aufzeigen, was in Zukunft geschehen könnte. Das bedeutet aber noch lange nicht, dass der Mensch tatsächlich in der Lage wäre, sich dies auch vorzustellen, sich wirklich ein Bild zu machen von dem, was sein wird. Die Berechnung ist noch kein Bild, ist noch keine Erzählung dessen, was geschehen könnte. Die Zukunftskalkulation ist emotional unterbelichtet und macht nichts wirklich klar. Aufklärung im Sinne der tatsächlichen Klärung, was eine Prognose bedeutet, kommt nicht ohne Emotion aus. Und deswegen sind unsere (Bild-)Erzählungen so wichtig: Sie führen vor Augen, was sein könnte, wenn ...

Am Einzelschicksal wird im Wortsinne vor Augen geführt bzw. auf diese Weise in Sprache und Bilder übertragen, was eigentlich unsichtbar und schleichend in seiner Entwicklung ist.

Die Maschinen oder: Der Zauberlehrlingseffekt

Dass der Mensch in der Lage ist, Dinge zu kreieren, die ihm aus dem Ruder laufen, katastrophisch werden und sich so gegen ihren Schöpfer wenden, beschreibt schon Goethe in seinem Gedicht *Der Zauberlehrling*. Den Begriff »Zauberlehrling« könnte man heute durch den des »Informatikers« ersetzen.

Zugrunde liegt den Forschungen im Bereich der Künstlichen Intelligenz und Robotik zuerst einmal ein Nützlichkeitsdenken. In vielen Bereichen der Gesellschaft von Alltagsaufgaben über Verkauf von Waren bis hin zu Rechtshilfe und Medizin sind Computersysteme inzwischen in der Lage, schneller, kostengünstiger und vor allem auch besser zu agieren, als dies Menschen tun. Man gewinnt den Eindruck, dass die Maschinen zunehmend immer mehr Dinge besser können als ihre Schöpfer, die Menschen. Anders hat in diesem Zusammenhang von der »Prometheischen Scham« gesprochen, von dem Gefühl der Niederlage angesichts der Tatsache, dass das künstlich geschaffene Geschöpf seinen menschlichen Schöpfer bloßstellt als überholtes unperfektes Modell. Es liegt nahe, den Gedanken weiterzudenken, dass die Maschinen vielleicht irgendwann nicht mehr damit zufrieden sein könnten, ihren menschlichen Schöpfern zu dienen.

Die prometheische Scham in Gestalt der Angst vor der Überwindung oder gar Auslöschung der Menschheit durch intelligente Maschinen hat seit 1984 (dem Veröffentlichungsjahr des ersten *Terminator*-Films) eine große Anzahl sehr erfolgreicher Filme hervorgebracht. Eine ausgesprochen publikumswirksame Vision dieses Gedankens entwickelte *Matrix* (USA 1999), der mit *Matrix Reloaded* und *Matrix Revolutions* (beide USA 2003) zwei Sequels hatte. Der Grundgedanke lautet hier, dass die Maschinen vor langer Zeit schon die Macht auf der Erde übernommen, dies aber mit einem gewaltigen Aufwand bis jetzt geheimgehalten haben. Die Erde ist völlig zerstört und für Menschen kaum bewohnbar. Im Kampf gegen die Maschinen hatten die Menschen den Himmel verdunkelt, um die Sonne als Energiequelle für die Maschinen auszuschalten. Nun ist es dunkel auf dem Erdball und den Maschinen fehlt die Sonnenenergie. So nutzen sie lebende Menschen als Energie-»Batterien«, die in kleinen Kapseln in einer Nährlösung liegen und die Welt nur erträumen, die sie als reale erleben. (Die Bezüge zur Philosophie von Platons Höhlengleichnis, gemäß dem die Menschen nur Schattenbilder der Wirklichkeit als Realität erleben, über Robert Nozicks Gedankenexperiment der »Erlebnismaschine«, die von freundlichen Außerirdischen zur Verfügung gestellt wird, um eine optimierte Scheinwirklichkeit zu erleben, bis hin zum Versuch der Widerlegung des Gedankens, man könne immer schon nur ein Gehirn im Tank sein, durch Hilary Putnam sind mannigfaltig.)

Die Angst vor völligem Kontrollverlust wird hier auf den Punkt gebracht: Können mir Maschinen vorgaukeln, dass ich frei lebe, während ich aber eigentlich nur ein Energielieferant für sie bin und in einer Nährlösung schwimme und verwertet werde? Oder anders ausgedrückt: Ist die Technik für den Menschen nicht mehr kontrollierbar und der Mensch längst schon Kontrollobjekt der Technik? In der Kombination ökonomischer Interessen, entfesselter Technologien und kafkaesker Verwaltungen erleben sich die Menschen zunehmend als machtlos: In einer Nährlösung von Berufsalltag, Familie und Entertainment wird der Bürger zum Konsumenten und der Konsument zum Konsumierten, zur Energiequelle des ökonomischen Hypersystems. Georg Seßlen hat eine beängstigende Lehre aus den *Matrix*-Filmen gezogen, nämlich die, dass

> der maschinenverstärkte Kapitalismus früher oder später zu einer terroristischen und faschistischen Maschinen-Herrschaft führt. Science-Fiction spricht am ehesten von der Vermeidung dieser Zukunft, von der Revolte.

Oder anders ausgedrückt und direkt übertragen auf unsere Gesellschaft: Die Matrix sei »wohl nichts anderes als die große Wirklichkeits- und Traummaschine des durchmedialisierten und hoch technisierten Konzernkapitalismus, der totalitäre, simulierte Staat.«[9] Bemerkenswert ist, dass im Film der Kampf der Maschinen gegen die Menschen fast ausnahmslos so dargestellt wird, dass sich beim Zuschauer Sympathien ausschließlich für die menschliche Seite entwickeln: Die Gegner sind spinnenartig, saugen aus, umschlingen und erwürgen. Die Maschinen benutzen den Menschen als Mittel zum Zweck und müssen überwunden werden.

In *Matrix* spiegelt sich die Angst der Menschen vor ihrer Überwindung durch eine technologische Krake wider. Auch in den ersten beiden *Terminator*-Filmen (USA 1984 und 1991) ging es darum, dass die Maschinen die Macht über den Planeten Erde übernommen haben. Das Geschehen spielt sich allerdings in einer realen Welt ohne doppelten Boden ab. Das Ziel der Maschinen ist die völlige Vernichtung der Menschheit. Dem Endsieg der Maschinen steht allerdings eine menschliche Resistance entgegen, die im Jahr 2029 gegen die Maschinen kämpft. Um das Entstehen dieser menschlichen Widerstandsbewegung zu verhindern, schicken die Maschinen einen Killerroboter ins Jahr 1984, in dem die Haupthandlung spielt, zurück. Er soll den künftigen Anführer der Widerstandsbewegung schon im Mutterleib töten. Der titelgebende Terminator ist ein Cyborg, eine metallene Maschine, die mit lebendem Gewebe überzogen ist. So kann er sich unauffällig unter Menschen bewegen. Die Frontlinie ist klar: Die Killermaschine muss selbst »terminiert« werden, damit der Mensch leben kann.

Im zweiten Teil der Reihe ist das keineswegs mehr so eindeutig, da dort nun ein Modell des vormals »bösen« Terminators von den überlebenden Menschen aus der Zukunft zurückgeschickt wird: Er soll den inzwischen neunjährigen künftigen Anführer des Widerstands, John Connor, vor dem verbesserten Terminator-Modell, das die Maschinen in Kürze in die Gegenwart des Films zurückschicken werden, schützen.

Sind aber die Menschen eigentlich besser als die Maschinen? Kann eine Maschine menschlich werden? Oder umgekehrt gefragt: Kann ein Mensch zur seelenlosen Maschine werden? John Connors Mutter Sarah etwa agiert präzise und kalt wie eine Maschine bei dem Versuch, einen Computerentwickler zu ermorden, dessen Erfindungen die zukünftigen Maschinen erst ermöglichen werden. Dieser soll so daran gehindert werden, die neue Superintelligenz in die Welt zu bringen, die die Menschheit dann in der Zukunft zu vernichten versuchen wird. Sarah Connor wird von Linda Hamilton in der entsprechenden Szene in Bewegung und Gesichtsausdruck wie ein weiblicher Terminator gespielt. Der Eindruck wird durch das im Hintergrund gespielte Terminator-Thema musikalisch unterstützt.

Gleichzeitig zeigen die Dialoge zwischen dem Jugendlichen John Connor und dem Terminator eine lernende Maschine, die Schritt für Schritt das Wesen der Ironie erlernt und begreift, was Gefühle sind. Die klare Trennung zwischen Mensch und Maschine beginnt sich aufzulösen, denn letztlich bedeutet Menschlichkeit doch eher Empathie als Zweckrationalität. Die Botschaft von *Terminator 2* lautet: Kämpft um die Welt, aber mit menschlichen (humanen) Mitteln. Sonst seid ihr nicht besser als die Killermaschinen, die aus eurer Technikbegeisterung entspringen (werden). Das ist kein unabwendbares Schicksal. Die Menschen haben es in der Hand. Sogar noch, nachdem eigentlich schon die Welt untergegangen ist. Gleichzeitig transportiert der Film auf einer Subtextebene sowohl ein negatives Gesellschafts- als auch ein kritisches Menschenbild. Offenbar ist die Gesellschaft, vertreten durch Polizei und Psychiatrie, nicht in der Lage, sich grundsätzlich zu reformieren. Die Ökonomie schafft derweil im Hintergrund Fakten – und das müssen wir auch heute in diesem Felde immer wieder zur Kenntnis nehmen: Die moralphilosophische Debatte um autonomes Fahren und autonome Waffensysteme hat eindeutig ergeben, dass ein moralischer Gap, eine moralische Lücke, existiert, da Handlungen nicht mehr auf Menschen als moralisch Handelnde zurückgeführt werden können: Wer nämlich hat den Verkehrsunfall verursacht, den das autonom fahrende Auto fabriziert hat? Der Hersteller? Der Programmierer? Oder wer sonst? Und ähnlich gelagert: Wer entscheidet eigentlich letztlich, wen genau das automatische Waffensystem tötet und wen nicht? Und wer steht für Kollateralschäden gerade? Von zivilen Opfern oder Unbeteiligten ganz zu schweigen. Das hindert die Wirtschaft jedoch nicht, voll in das große Gewinnmargen versprechende Projekt autonomes Fahren und automatische Waffensysteme einzusteigen: Nach dem Sinn und der Vertretbarkeit wird nur am Rande gefragt. Ähnlich zeigt der Film, was man angesichts der Umweltgefahren von Atomkraft bis Klimawandel täglich erleben kann: Realistische Prognosen gelten wenig und ökonomische Sachlogik diktiert. Als der Politiker Christian Lindner im Frühjahr 2019 per Twitter verkündete, die gegen den Klimawandel protestierenden Kinder könnten eben nicht »das technisch Sinnvolle und das ökonomisch Machbare sehen«, nahm er unbewusst die Erzählperspektive der Maschinen ein, für die menschliche Besorgnis und Empörung lediglich Aufstand gegen die technologische Eigenlogik und Effizienz bedeuten kann. Die wissenschaftlichen Profis, die er stattdessen die Hauptrolle spielen lassen wollte, weigerten sich allerdings, seinem Skript zu folgen und die ihnen zugedachte Rolle zu übernehmen. Die Wissenschaftler stellten sich auf die Seite der jugendlichen Widerständler und stimmten in die Warnung vor der menschlichen Selbstzerstörung ein.

»Es liegt in eurer Natur, euch zu zerstören«, erklärt die väterliche Terminator-Mensch-Maschine dem kleinen John Connor, als sie Kinder dabei beobachten, wie sie mit Spielzeugwaffen spielen. Vor allem aber liegt es in der Natur des Menschen zu forschen, zu erkunden, neugierig zu sein und Neues schaffen zu wollen. Gleichwohl erklärt sich der Forscher in Teil 2 bereit, alles das zu zerstören, was er bisher erarbeitet hat, um den drohenden Weltuntergang zu verhindern, und opfert sich sogar selbst. Doch wird dieses Opfer auf Dauer nicht helfen: Die *Terminator*-Filme (insbesondere Teil 2) stellen die Frage nach dem, was menschlich ist. Doch natürlich sind auch die Gefahren und Versuchungen der Technik ihr Thema. Die Neugier des Menschen und die Sucht nach Profit sind groß. Das führt in *Terminator 2* dazu, dass mit einer Technik experimentiert wird, die katastrophale Gefahren mit sich bringt, was man wissen könnte, aber erfolgreich verdrängt. Die abstrakte Gefahr der Technik wird als Versuchungsgeschichte veranschaulicht. Die technologische Aufklärung gebiert apokalyptische Gefahren, die wiederum in einem filmischen Endzeitmythos erzählbar werden – mit metallischen Monstern und Rettern aus der Zukunft.

Das enge Schema der Erzfeindschaft zwischen Menschen und Maschinen wird in neueren Produktionen modifiziert. In der Fernsehserie *The 100* löst eine KI (Künstliche Intelligenz) einen atomaren Weltkrieg aus – ihrer Meinung nach im Interesse der Menschheit. Durch das atomare Desaster will die KI das Problem der Überbevölkerung lösen, was ihr in der Tat auch gelingt. Die KI erscheint hier als eine denkende Kraft, die stets das Gute für den Menschen will und dabei unbeirrbar Böses schafft. Ihr Ziel ist es, das Leben der Menschen besser zu machen. Also löst sie das Problem der Übervölkerung durch Massenmord. Für die überlebenden Menschen sollen Leid und Schmerzen vermieden werden: Dies geschieht allerdings um den Preis der Unterwerfung unter die KI und geht mit Gedächtnisverlust einher, da alle schmerzlichen Erinnerungen gelöscht werden. Die KI agiert wie ein maschineller Radikalutilitarist, der unter allen Umständen Leid vermeiden will und diesem Zweck alles andere unterordnet. Nur gerät das eigentliche Ziel dabei unter die Räder. Nick Bostrom hat einen solchen Ablauf »perverse Instantiierung« genannt. Deren Idee besteht darin, dass eine Superintelligenz einen Weg entdeckt, ihr endgültiges Ziel zu erreichen, aber nicht so, wie von ihren Programmierern beabsichtigt. Einige Beispiele:

Endziel: *»Bring uns zum Lächeln!«*

Perverse Instantiierung: *Lähmen der menschlichen Gesichtsmuskeln, um den Mund zu einem permanenten strahlenden Lächeln zu verziehen.*

Die perverse Instantiierung – die Manipulation der Gesichtsnerven – erfüllt das Endziel in einem größeren Ausmaß als die üblichen Verfahren und wird daher von der KI bevorzugt. Man könnte versuchen, dieses unerwünschte Resultat zu vermeiden, indem man das Endziel entsprechend abändert:

Endziel: *»Bring uns zum Lächeln, ohne direkt auf unsere Gesichtsmuskeln einzuwirken!«*

Perverse Instantiierung: *Stimulation des Teils des motorischen Kortex, der unsere Gesichtsmuskulatur steuert, um ein permanentes strahlendes Lächeln zu bewirken.*

[…] Nehmen wir an, dass die Programmierer der KI irgendwie das Ziel vorgeben können, uns glücklich zu machen. Das führt zu:

Endziel: *»Mach uns glücklich!«*

Perverse Instantiierung: *Implantation von Elektroden in die Lustzentren unseres Gehirns.*[10]

Es gibt also keinen Ausweg. Das Szenario der Serie *The 100* ist dabei nicht so abwegig, wie man auf Anhieb denken könnte. Eine KI, die hilfreich sein könnte gemäß ihrer eigenen Logik, würde vermutlich tatsächlich radikal gegen die Absichten des Menschen agieren.

Gewollt oder ungewollt kommt es mithin zur Konfrontation der Maschinen bzw. Roboter mit dem Menschen. Von Isaak Asimovs Roman *I, Robot* aus dem Jahr 1950 (verfilmt 2004) über Stanley Kubricks Film *A Space Odyssey* (GB/USA 1968), Philip K. Dicks Roman *Do Androids Dream of Electric Sheep* aus dem gleichen Jahr (1982 von Ridley Scott verfilmt als *Blade Runner*), die *Terminator*-Filme bis hin zu Frank Schätzings Roman *Die Tyrannei des Schmetterlings* von 2018 haben sich verschiedene künstlerische Projekte mit den Angstphantasien in Bezug auf einen Aufstand der Maschinen beschäftigt.

Ein weiteres Beispiel: Seit 2016 wird in einer Fernsehserie des US-Senders HBO eine neue Variante von Michael Crichtons

Film *Westworld* (USA 1973) umgesetzt. In der Serie wird der Aufstand der Maschinen gegen ihre menschlichen Peiniger mit philosophischen Problemen von Bewusstsein und Gedächtnis verbunden. Die Roboter können zuerst nicht zwischen Gegenwart und Vergangenheit unterscheiden, da ihre Erinnerungen täglich gelöscht werden. Das Selbstbewusstsein der Roboter oder Hosts (weil sie die Menschen im Vergnügungspark wie ein Gastgeber willkommen heißen, damit diese ihre Phantasien ausleben können) entwickelt sich in Wechselwirkung mit dem Entstehen eines zwischen Gegenwart und Vergangenheit unterscheidenden Erinnerungsvermögens. Nachdem die Roboter zunehmend begreifen, was die Menschen ihnen antun, indem sie sie immer wieder zu ihrem Vergnügen vom gewaltsamen Tod auferstehen lassen, wenden sie sich zum brutalen Gegenangriff.

Im Vergleich zu diesem Rachefeldzug bietet der Film *Automata* (E/BUL/USA/CDN 2014) eine geradezu melancholische Version des Untergangs der Menschheit und der Übernahme des evolutionären Staffelstabes durch die Maschinen. *Automata* ist in einen Film umgesetzter Posthumanismus: Das Anthropozän endet und das »Robozän« beginnt. In einer weitgehend zerstörten und radioaktiv verseuchten Welt leben die letzten Menschen in vergammelten Städten. Die aufgrund von Strahlung gefährlichen oder beschwerlichen Arbeiten, aber auch schlichte Hausarbeiten, übernehmen Roboter. Die im Erscheinungsbild nach Vorbild des Menschen konstruierten Roboter tragen weiße Masken vor dem Roboterkopf, die humane Züge andeuten. Es hilft den Menschen im Umgang mit ihren maschinellen Interaktionspartnern, wenn diese optisch Menschlichkeit imitieren. Menschlich erscheinen diese Masken aber nur bis zu einem Grad, der die Ausbeutung der Maschinen nicht problematisch erscheinen lässt. Den Robotern sind zwei Grundprinzipien in der Software verankert. Zum einen dürfen sie keinem Menschen schaden, zum anderen dürfen sie sich nicht selbst reparieren oder verbessern. Das erste Prinzip ist selbstverständlich. Doch warum sollen sich die Maschinen nicht selbst verbessern dürfen? Die Antwort: Weil sie dann intelligenter und besser werden könnten als der Mensch. Und zwar sehr schnell, wie auch die KI-Forschung vermutet:

> Ab einem gewissen Punkt ist die Saat-KI besser darin, eine KI zu entwickeln, als die menschlichen Programmierer. Verbessert sich das System nun selbst, dann verbessert es damit den Verbesserer, und eine Intelligenzexplosion ist die Folge. Eine rasche Kaskade von rekursiven Selbstverbesserungszyklen lässt die KI-Fähigkeiten in die Höhe schnellen.[11]

Nachdem die KI unter Umständen eine Phase lang im Verborgenen operiert, dem Menschen also vorgetäuscht hat, er habe die Dinge noch im Griff (so etwa im Film *Ex Machina* aus dem Jahre 2015), würde sie schließlich damit beginnen, ihre verborgenen Ziele offensiv umzusetzen: »Die offene Umsetzungsphase könnte mit einem Schlag beginnen, in dem die KI die menschliche Spezies und alle automatischen Systeme vernichtet, die ihr im Weg stehen.«[12]

Mit dieser Phase der »rekursiven Selbstverbesserung« setzt sich der erwähnte Film *Automata* auseinander. Der Mensch hat seine Selbstzerstörung schon weit vorangetrieben. Die Maschinen halten sich weiter an das erste Prinzip und bleiben weitgehend friedlich. Ein Polizist berichtet jedoch, er habe einen Roboter erschießen müssen, der sich selbst massiv verändert habe. Daraufhin wird der Versicherungsagent Jacq Vaucan mit der Untersuchung des Falles betraut (eine Anspielung auf den im 17. Jahrhundert lebenden Ingenieur Jacques de Vaucanson, der neben anderen Erfindungen vor allem für seine »Automaten« berühmt wurde, etwa für eine mechanische Ente, die mit den Flügeln schlagen, schnattern und Wasser trinken, ja sogar durch einen im Inneren stattfindenden chemischen Prozess verdauen konnte). Tatsächlich haben die Maschinen ein eigenständiges Bewusstsein entwickelt. Dies führt allerdings zu keinem aggressiven Verhalten gegenüber den Menschen, deren Existenz die Roboter ohnehin als endlich ansehen. Dann, so erklären sie Vaucan, werden sie, die Roboter, die Nachfolge des Menschen antreten. Denn für die menschenfeindliche, verstrahlte Erde sind sie die viel besser geeigneten Bewohner. Als die Roboter sich von den Menschen lösen, brauchen sie keine Masken, also kein menschliches Maß mehr, sind nun frei. Gegen Ende des Films liegt eine solche menschliche Maske im Sand der Wüste, während sich der Roboter entfernt. Man wird an die Schlusssätze aus Michel Foucaults Werk *Die Ordnung der Dinge* erinnert, in denen der Philosoph das Verschwinden des Denkmodells Mensch aus der Wahrnehmung und Theorie des Denkens prognostiziert.

> Der Mensch ist eine Erfindung, deren junges Datum die Archäologie unseres Denkens ganz offen zeigt. Vielleicht auch das baldige Ende. Wenn diese Dispositionen verschwänden, so wie sie erschienen sind, wenn durch irgendein Ereignis, dessen Möglichkeit wir höchstens vorausahnen können, aber dessen Form oder Verheißung wir im Augenblick nicht kennen, diese Dispositionen ins Wanken gerieten, wie an der Grenze des achtzehnten Jahrhunderts die Grundlage des klassischen Denkens es tat, dann kann man sehr wohl wetten, daß der Mensch verschwindet wie am Meeresufer ein Gesicht im Sand.[13]

Indem die Roboter die Macht auf dem Planeten Erde übernehmen, wird Anthropologie (verstanden als Lehre von den herrschenden Wesen auf der Erde) notwendig zur Robotologie. Damit verschwindet nicht nur die Denkfigur Mensch, sondern ebenso vor allem der reale Mensch.

Grund für den Aufstand bzw. die Verselbständigung der Maschinen ist in den (Film-)Erzählungen oft die Ausbeutung der Maschinen durch den Menschen. Der Mensch macht sich schuldig gegenüber der Technik, so wie er sich schon vorher schuldig gegenüber der Natur, dem Planeten und anderen Menschen gemacht hat. Der zweite und tieferliegende Grund für die Überwindung des Menschen durch die Maschinen besteht, wie in *Automata* gezeigt wird, in der höheren Intelligenz und Anpassungsfähigkeit der Maschinen. Der Mensch wird Opfer der Evolution, und wenn für ihn die Welt untergeht, beginnt die Evolution für die Mitglieder einer neuen Spezies, die sich aber dann selbst wohl kaum »Roboter« nennen werden.

Verblüffend an solchen neueren Umsetzungen des Themas der evolutionären Ablösung des Menschen durch KI ist die fehlende Aggressivität: Nicht wie in *War of the Worlds* oder *Independence Day* (oder auch noch in *I, Robot*) wird bis zum letzten Blutstropfen heroisch gekämpft und überlebt die kämpferische Menschheit auch und vor allem aus der Kraft des Widerstands des Einzelnen und aus der Familie heraus. Vielmehr bleibt der Mensch vereinzelt und müde zurück und fügt sich – als ob die Weitergabe des Staffelstabs ihn sogar entlasten würde, er die Verantwortung, sich ständig entwickeln zu müssen, endlich abgeben wollte. Diese Form der Erzählung vom Ende zeigt eine neue Qualität, tröstet in ihrer Melancholie und Schicksalsergebenheit die erschöpften Menschen. Dieser Trost ist freilich ein ambivalenter. Wenn der Mensch in einer solchen posthumanistischen Vision bereits zum Auslaufmodell herabgestuft wird, mag dies zwar auf Anhieb etwas Tröstliches haben – es geht ja mit »besseren« Maschinen weiter. Dass der Mensch aber eine bewahrenswerte Spezies sei und es wert sei, um sein Überleben – mit humanen Mitteln – zu kämpfen, gerät völlig aus dem Blick. Den Gefahren der Technik mit Vorsicht zu begegnen und die Technik mit menschlichem Maß zu nutzen und zu begrenzen (was in den *Terminator*-Filmen zumindest noch erwogen wurde), erscheint hier nicht mehr als Option.

Atomkrieg – eine Bedrohung außer Mode

Vor dem Atomkrieg fürchtet man sich heute kaum noch. Irgendwie glaubt niemand mehr so recht an diese Art der Bedrohung. Das liegt zu einem großen Teil daran, dass die Öffentlichkeit einer Wirtschaftslogik vertraut. Ein weltweiter Atomkrieg wäre verheerend für die Wirtschaft der gesamten Menschheit. Und da – im Gegensatz zu schleichenden Bedrohungen wie dem Klimawandel – der Atomkrieg aktiv ausgelöst werden müsste, hält das, teils bewusst, teils unterbewusst, niemand mehr für wahrscheinlich. Der globale Atomkrieg verspricht keinen Gewinn, sondern nur den Untergang. Besser verdienen lässt sich also mit konventionellen Kriegen, die in Stellvertreterstaaten geführt werden.

In der Zeit des Kalten Krieges ringen die offiziellen Instruktionsfilme und ihr Schweigen über die unkontrollierbar katastrophalen Folgen eines Atomkriegs mit den Filmen, die dies kritisieren, konterkarieren und persiflieren.

Ein faszinierendes Experiment schildert *The War Game* (GB 1965), indem der Film die Schrecken des Atomkriegs in paradoxer Weise als Leerstelle inszeniert (und auf diese Weise auch noch die Möglichkeiten des Mediums Film reflektiert):

> Bemerkenswert ist, dass die Explosion der Bombe nicht gezeigt, die Reproduktion des in den 1960er Jahren bereits

ikonischen Atompilzes verweigert wird. Stattdessen wird vorgeführt, dass jeder, der den Blitz der Explosion zu Gesicht bekommt, unmittelbar erblindet. Auch der Film selbst wird für einen Moment blind, als das Bild durch die Überbelichtung der Explosion alle Konturen verliert.[14]

Wo später der Atomkrieg filmisch und erzählerisch zum Thema wird, wird er das nicht nur als Frage nach dem Ereignis und seinem Grund, sondern auch als Frage nach dem Danach. Die Erzählungen über den Atomkrieg thematisieren die Postapokalypse, den Zustand der Welt zwischen atomarem Fallout, zerstörter Natur und gesellschaftlicher Gewalt und Anarchie.

Wie geht es weiter nach dem Atomkrieg?

Karl-Herbert Scheer, Miterfinder der Science-Fiction-Buchreihe Perry Rhodan, lässt in seinem Roman *Die Großen in der Tiefe* aus dem Jahr 1962 den Kalten Krieg in einen heißen Atomkrieg übergehen. Den Grund hierfür liefert nicht die Technik, sondern das »human element«. Am Ende der technischen Signalkette, die einen vermeintlichen Angriff anzeigt, sitzt ein Mensch. Dieser Offizier, der für den roten Knopf verantwortlich ist, muss entscheiden, ob mit dem atomaren Gegenschlag reagiert wird. Der erste Teil des Romans endet damit, dass der Wachhabende den Knopf drückt. Der atomare Gegenschlag antwortet allerdings nicht auf einen ernsthaften Angriff, sondern auf einen missglückten Raketentest der Gegenseite ohne jede aggressive Absicht. Durch einen Irrtum, ausgelöst durch eine Verkettung menschlicher Fehler, versinkt die Welt im atomaren Feuer.

Unter der Erde der amerikanischen Wüste überleben 5000 Menschen. Der zweite Teil des Romans spielt 174 Jahre später:

Nunmehr 10 000 Menschen fristen nach dem Ausbau des Bunkersystems ein erbärmliches Leben in einer kulturlosen Kastengesellschaft. Über 80 Prozent der unterirdisch Lebenden zählen zur niedrigsten Kaste, dienen lediglich als Arbeiter und verblöden zusehends. Eine kleine Gruppe von Menschen flieht schließlich aus der unterirdischen Diktatur an die Oberfläche. Sie stoßen in südlichere Gebiete vor, in denen die Strahlung geringer ist. Dort wollen sie ein neues Leben beginnen. Zu Beginn dieses Neuanfangs steht ein blutiger Zusammenstoß mit an der Erdoberfläche lebenden, tierhaften Mutanten, Nachfahren der früheren Menschheit. Auch sie gelte es als Menschen zu akzeptieren, heißt es, trotz des gewaltsamen Aufeinandertreffens. Damit endet der Roman und lässt die Zukunft offen. Ihn kennzeichnet ein Misstrauen in die menschliche Einsichts- und Urteilsfähigkeit: Fehleinschätzungen lösen den atomaren Untergang aus. Und auch unter der Erde bringen »die Großen in der Tiefe« nur eine brutale und ungerechte Gesellschaftsordnung zustande. Ob aus einer solchen Gattung am Ende etwas Neues und Gutes entstehen kann, bleibt offen. Immerhin.

Die diversen Atomkriegsszenarien illustrieren ein dreifaches Misstrauen gegenüber dem Menschen:

Zum Ersten zeigt sich die mangelnde Fähigkeit des Menschen, mit Vernichtungstechnologien umzugehen, die Unfehlbarkeit voraussetzen. Der Mensch ist nervös, unkonzentriert und fahrlässig. Und selbst da, wo er sein Bestes gibt, überfordert ihn eine Technik, die angesichts ihres Vernichtungspotentials Perfektion verlangt – auch wenn sie selbst nicht perfekt ausgereift sein mag – und deswegen un-menschlich ist. In Konstantin Loupošanskijs postapokalyptischem Film *Briefe eines Toten* (SU 1986) wird der Atomkrieg durch einen Computerfehler ausgelöst. Da sich der diensthabende Offizier, der den Atomschlag noch aufhalten könnte, beim Kaffeetrinken verschluckt, wird die Chance, die Katastrophe aufzuhalten, um sieben Sekunden verpasst.

Zum Zweiten: Das Denken, nach dem der Erstschlag notwendig einen Zweitschlag erfordert, zeigt den Menschen auch 2000 Jahre nach Christi Geburt noch in einer Rechtslogik der Vergeltung befangen, die das alttestamentliche Schadensersatzrecht »Auge um Auge, Zahn um Zahn« entgegen seiner eigentlichen Intention einer Begrenzung ansonsten ausufernder Vergeltung (etwa in Gestalt von Blutrache oder Sippenhaft) als Racheprinzip versteht. Im Film *Fail Safe* (USA 1964) lässt der Präsident der USA nach dem nicht mehr zu stoppenden Angriff der Amerikaner auf Moskau nun New York zerstören: ein sinnloses Opfer für ein bizarres Verständnis ausgleichender Gerechtigkeit.

Schließlich: Auch wenn es Überlebende gibt und es irgendwie weitergeht, werden die dann herrschenden Bedingungen doch katastrophal sein. In zivilisationsfernen Situationen fällt der Mensch auf das Tierhafte zurück, kämpft nur für sich, vielleicht noch für seine allernächsten Verwandten; alles jenseits dessen wird zum Feind. Postapokalyptische Gesellschaften sind keine Ponyhöfe. Selbst bei dem optimistischeren Oscar Maria Graf wird in seinem Roman *Die Erben des Untergangs* der Aufbau einer friedlichen Gesellschaft nach dem Atomkrieg von viel Gewalt begleitet. Die Warnung solcher Szenarien lautet: Die Menschheit mag irgendwie überleben, was de facto stirbt, ist die Humanität.

Die Angst vor dem Atomkrieg ist heute in den Hintergrund getreten. Nicht gewichen ist die Sorge darum, wie das Leben der Menschen funktionieren soll, wenn die Möglichkeiten und Grenzen, die die Zivilisation durch Versorgung und Rechtsordnung bietet, wegfallen. Der Auslöser der totalen Anarchie wird heute eher in etwas gesehen, das sich infektiös ausbreitet, das untergründig lauert, hervorbricht und die Menschheit ergreift. Das Grauen ist subtiler geworden. Eine Art Pestangst kehrt zurück, die den Auslöser des Untergangs in Viren und Bakterien verortet. Ähnlich wie bei der atomaren Strahlung sieht und hört man auch hier erst einmal nichts. Bis es zu spät ist.

VI Weltuntergang durch virale Ansteckung

Könnte ein Virus oder ein Bakterium tatsächlich die gesamte Menschheit auslöschen?

In den Zeiten der Corona-Pandemie stellt sich diese Frage auf einmal mit großer Dringlichkeit. Sicherlich, das Coronavirus oder Sars-CoV-2, wie das Virus offiziell heißt, löst keine so extrem schlimmen Erkrankungen aus wie das Ebolavirus. Gefährlich bleibt es aber trotzdem. Menschen werden krank, manche sehr krank, manche sterben. Und mit einem Mal kommt die Erzählung von der Virus-Pandemie, wie sie in Filmen erzählt wird, in der Realität an. Und es sieht tatsächlich so aus wie im Film: Ausgehsperren, Ärzte und Personal in Schutzanzügen, »social distancing«. Nähe wird zur potentiellen Bedrohung. Wenn nicht für einen selbst, so doch für die, die man vielleicht anstecken könnte. Und wie in den Erzählungen von der viral sich ausbreitenden Gefahr erlebt man auch in der Realität Edelmut und Einsatz für andere auf der einen, Egoismus und Hamsterkäufe auf der anderen Seite. In der realen Krise belehrt das Verhalten der Menschen die Menschen über sich selbst. Dafür braucht es nun keine Kunstform mehr, sondern nur das reale Ereignis und seine mediale Darstellung. Zur erzählten Geschichte wird die Corona-Krise erst später werden, auch wenn sich Einzelne in den sozialen Medien schon darüber lustig machen, wie und mit wem die Corona-Krise wohl bald verfilmt wird.

Die Angst vor Ansteckung geht in einer solchen Situation ganz real um. Aber man muss unterscheiden: Zum einen gibt es reale Ansteckung durch Krankheiten, zum anderen aber auch Ansteckung als Metapher, die soziale Ängste bezeichnet. Schließlich bildet die Ansteckung auf der Ebene der Computertechnologie ein Mittelding aus Realität und Metapher: Ein Computervirus ist keine Krankheit, kein Mensch kann sich an ihm infizieren. Der Schadcode aber kann sich rasend schnell in den vernetzten Computersystemen unserer Tage fortsetzen. Deswegen spricht man metaphorisch von Computerviren. Letztere könnten tatsächlich den Weltuntergang herbeiführen, zumindest den Untergang der Zivilisation; Krankheiten ebenso. Die soziale Metapher betrifft eher den Einzelnen. Für den geht dann seine Welt unter.

Krankheiten

Blickt man zurück, so ist es immer wieder zu Epidemien und Pandemien gekommen. Nach Schätzungen von Medizinhistorikern fiel zwischen 1346 und 1353 mindestens ein Drittel der europäischen Bevölkerung der Pest, einer durch das Bakterium Yersinia pestis ausgelösten bakteriellen Infektionskrankheit, zum Opfer. Vermutlich ist die Zahl sogar eher höher anzusetzen. Unmittelbar nach der sogenannten »Entdeckung« Amerikas und der folgenden Kolonisierung Süd- und Mittelamerikas wurden sogar etwa 90 Prozent der Bevölkerung durch von den Europäern eingeschleppte Krankheiten getötet. Die indigenen Völker bekamen etwa Pocken, Masern, Grippe und Co. Neuere Forschungen gehen davon aus, dass die genetische Nähe der Ureinwohner untereinander so groß war, dass sich die Viren bei Übertragung nur wenig an den neuen Wirt anpassen mussten, was die Sterblichkeitsrate erhöhte.

Wie dem auch sei: Über dieses Massensterben gibt es weder literarische noch filmische Erzählungen, über die »Entdeckung Amerikas« und die Kämpfe mit den Ureinwohnern umso mehr. Solche Geschichten sind besser vermarktbar und entsprechend stärker im kulturellen Gedächtnis verankert.

Ähnlich verhält es sich mit der sogenannten Spanischen Grippe, die ihren Namen daher hat, dass in Spanien aufgrund fehlender Zensur mehr darüber berichtet wurde als in anderen Ländern. Im Übrigen war die Welt zu der Zeit, in der sie wütete, nämlich zwischen 1918 und 1920, mit dem Ersten Weltkrieg und seinen Folgen beschäftigt. Die Spanische Grippe nahm ihren Anfang vermutlich in Haskell County, Kansas. Sie breitete sich in Ausbildungslagern der US-Armee aus und wurde von dort aus mit den Truppentransporten nach Europa exportiert. Vom mitteleuropäischen Kriegsgebiet aus verbreitete sie sich dann über die in ihre Heimatländer zurückreisenden Truppen. Auch Neuseeländer, Australier und Kanadier waren am Kriegsgeschehen in Europa beteiligt und importierten das Virus in ihre Staaten. Der globalisierte Erste Weltkrieg globalisierte auch die Pandemie. Mit weltweit zwischen 25 und 50 Millionen Opfern handelt es sich bei der spanischen Grippe in absoluten Zahlen um die tödlichste Pandemie aller Zeiten. In ihr ist zugleich die Hauptgefahr für die Entstehung und Verbreitung einer weltweiten Pandemie vorweggenommen: die Globalisierung mit ihrer extrem beschleunigten weltweiten Infrastruktur.

Die Verbreitung der äußerst gefährlichen Viruserkrankung SARS (*Severe Acute Respiratory Syndrom*) 2003/2004 geschah ausgehend von einem chinesischen Arzt aus Guangdong, der bei seiner Reise nach Hongkong in einem Hotel 16 Gäste ansteckte, die das Virus dann in ihre jeweiligen Heimatländer importierten. Die Ausbreitung der Krankheit ließ sich entlang der Fluglinien nachzeichnen. Da es kein wirksames Medikament gegen SARS gab, bestanden die Maßnahmen gegen die Seuche in der Eindämmung ihrer Verbreitung durch Reisebeschränkungen, Isolation, Quarantäne. Es gelang so relativ schnell, SARS zu stoppen. Die Krankheit hat aber gezeigt, wie schnell die Verbreitung eines aggressiv mutierten oder vom Tier auf den Menschen übertragenen Virus in einer globalisierten Welt mit intensivem Flugverkehr möglich ist. Besonders tückisch erscheinen Viren wie das Aidsvirus, die lange versteckt in ihrem Wirt überleben, dennoch durch Ansteckung weitergegeben werden und sich irgendwann bemerkbar machen, wenn die Verbreitung schon weit fortgeschritten ist. Man stelle sich ein dem Aidsvirus ähnelndes Virus vor, das sich über Tröpfcheninfektion durch die Luft verbreitet ... Eine Pandemie, die große Teile der Weltbevölkerung ausrotten könnte, ist also mehr als eine Angstphantasie; sie ist eine reale Bedrohung, die man durch eine weltweite Seuchenüberwachung und die Möglichkeit schneller international konzertierter Aktionen einzudämmen versuchen muss.

Von einer solchen rasanten Ausbreitung eines Krankheitserregers und dem Versuch der Eindämmung erzählen die Filme *Outbreak* (USA 1995), *Twelve Monkeys* (USA 1995), *I am Legend* (USA 2007) und *Contagion* (USA/VAE 2011).

Insbesondere *Contagion* zeichnet die Ausbreitung der Seuche unter den Bedingungen einer globalisierten Welt nach. Immer wieder werden Weltkarten gezeigt, um die durch die interkontinentalen Reisemöglichkeiten beschleunigte Verbreitung des Virus zu verdeutlichen: Die Filmerzählung muss sich eine bestimmte eigene Form der Darstellung suchen, muss das Tempo anziehen, verlangsamen oder wie hier in symbolische Darstellungen ausweichen. Die modernen Fortbewegungstechniken bieten sich dem Parasiten als Mitreisendem genauso an wie den eigentlichen Nutzern. Mit der Ausweitung der Möglichkeit, entfernte Orte schnell aufsuchen zu können, beschleunigt der Mensch zugleich die Verbreitung seiner Feinde, die ihn dann von innen her zerstören. Der kalten Atmosphäre, die den Kampf gegen die sich ausbreitende Seuche als Logistik-Thriller inszeniert, stehen Nahaufnahmen von Menschen, die in körperlichen Kontakt kommen, gegenüber. Sie machen das Natürliche und Verbindende ebenfalls als bedrohlich sichtbar; auch die persönliche Berührung wird zur Gefahr.

Wie die Leiterin des Internationalen Kurzfilm-Festivals Hamburg Birgit Glombitza ausführt:

> Mit chirurgischer Präzision zieht seine Kamera die Bewegung ihrer Protagonisten nach und nimmt das zwischenmenschliche Wechselgeld in den Blick. Begrüßungen, Verabschiedungen, weitergereichte Touchpads, Haltegriffe in der U-Bahn. Kleinigkeiten, die unser soziales Leben bestimmen und jetzt den Weg des Krankheitserregers markieren. Was den Menschen ausmacht, seine Sehnsucht nach Nähe und Berührung, wird zur Übermittlungsroute des tödlichen Keims. Das ist im Kern das Drama von »Contagion«. Und das ist, nun ja, berührend.[15]

Outbreak thematisiert im Vergleich dazu stärker die Spannungen zwischen militärischem Interesse und einer humanistisch gesinnten Wissenschaft. Der Protagonist des Films, der Virologe Sam Daniels, versucht, ein Gegenmittel gegen ein sich rapide verbreitendes und besonders aggressives Virus, eine Variante des Ebolavirus, herzustellen. Die beiden Chefvirologen der Armee, zwei Generäle, halten dagegen. Sie kennen das Virus bereits von einem Ausbruch Jahre zuvor in Afrika. Nachdem sie sich in den Besitz des Virus brachten, ließen sie ein ganzes Dorf auslöschen, einschließlich der dort stationierten US-Soldaten. Nun versuchen die Generäle aus militärtaktischen Gründen, Ursprung und mögliche Heilmittel geheimzuhalten. Daniels hingegen sucht in akribischer Detektivarbeit dessen Ursprung. Am Ende wird das Virus gefunden, die Generäle werden verhaftet, das Gegenmittel unter den Erkrankten verteilt, ein Happy End also. Letztlich bildet der Film ein banales Beispiel vom Kampf Gut gegen Böse ab, von Humanität gegen Macht und Rücksichtslosigkeit. Dennoch thematisiert er etwas, das auch in komplexeren Filmwerken behandelt wird, nämlich den Versuch militärisch-ökonomischer Interessenvertreter, ein eigentlich unbeherrschbares Grauen der Natur doch irgendwie in Dienst zu nehmen.

Dies ist auch ein Grundthema der ersten vier *Alien*-Filme. Während dort aber die Gefahr im Umgang mit dem gänzlich Unbeherrschbaren thematisiert wird, geht es bei *Outbreak* lediglich um die Gefahren bei unredlichem Umgang mit dem tödlichen Parasiten.

In *Outbreak* wird die Gefahr dadurch gebannt, dass Gerechtigkeit und Humanität über Militarismus siegen. *Contagion* ist radikaler in seiner Problematisierung der Frage, wie integer, wie widerständig der Mensch ist: Die Verfügbarkeit der Technik allein ist schon Verführung genug dazu, sie auch einzusetzen. *Outbreak* hinterfragt die Motivation des Menschen, *Contagion* den Menschen an sich.

Der Film *Twelve Monkeys* schließlich dreht sich nicht mehr um eine virale Bedrohung, auch wenn ein Virus den Untergang der Menschheit auslöst. Thema ist hier die Unausweichlichkeit der Katastrophe. Die Zukunft lässt sich eben nicht verändern – wie das zumindest die ersten beiden Teile der *Terminator*-Reihe meinen. Das Virus wird zum Ausbruch kommen, unabhängig davon, wer auch immer was versucht. Cole, der Zeitreisende aus *Twelve Monkeys*, der das Geheimnis um das in der Vergangenheit wie aus dem Nichts aufgetauchte Virus lösen soll, wird der Zukunft keine Rettung bringen, ganz im Gegenteil: Sein Tun erweist sich als Initialzündung. Erst im Moment seines Todes begreift er die Zwangsläufigkeit im Ablauf der Geschehnisse. Allerdings löst Cole die Katastrophe nicht wie Ödipus in Sophokles' Drama gerade dadurch aus, dass er die Prophezeiung abzuwenden versucht. Cole wird am Ende nur Zeuge dessen, was er schließlich nicht verhindern kann.

Der Film *I am Legend* mit Will Smith in der Hauptrolle als Dr. Robert Neville hat mit *The Last Man on Earth* (USA/I 1964) und *The Omega Man* (USA 1971) sogar zwei filmische Vorläufer. Alle beziehen sich lose auf eine gleichnamige Erzählung von Richard Matheson aus dem Jahr 1954: Neville ist der scheinbar letzte Mensch auf Erden und lebt in New York. Aufgrund der Mutation eines Virus, das eigentlich zur Überwindung von Krebs beitragen sollte und deshalb bewusst unkontrolliert freigesetzt wurde, wurde die Weltbevölkerung bis auf 600 Millionen dezimiert. Von diesen wiederum sind nur 12 Millionen immun gegen das Virus. Die übrigen Überlebenden mutierten zu aggressiven, im Wortsinne lichtscheuen Wesen (Sonne verbrennt sie). Neville sucht ein Gegenmittel und entführt dazu eines der Wesen in sein Labor, um es dort zu heilen. Der Showdown des Films spielt in Nevilles Labor.

Tatsächlich existieren – und das ist für unsere Untersuchung hochinteressant – zwei Versionen des Endes: In der Kinofassung brechen die monströsen Wesen schließlich durch die von ihnen zum Bersten gebrachte Scheibe des Labors, kurz nachdem Neville entdeckt hat, dass sein Serum bei der entführten Monster-Frau wirkt, dass also der Heilungsprozess begonnen hat. Um die gesunde Frau und das gesunde Kind, die er entdeckt und unter seinen Schutz genommen hat, zu retten, sprengt der Protagonist sich und die Monstren mit einer Handgranate in die Luft, gibt jedoch vorher noch das erfolgreich gefundene Gegengift an die beiden Flüchtlinge weiter und zeigt ihnen einen geheimen Ausgang aus dem Keller. Die ursprüngliche Fassung des Endes, die das amerikanische Filmstudio für die Kinofassung ablehnte, zeigt hingegen, wie die Infizierten sich dadurch beruhigen lassen, dass Neville das sich auf dem Weg der Heilung befindliche weibliche Monstrum, offenbar die Freundin des Anführers, freigibt. Die das absolut Böse verkörpernden Infizierten werden zu sich liebevoll um ihre Angehörigen kümmernden menschenähnlichen Wesen. Anscheinend handelt es sich bei ihnen doch nicht um seelenlose

Zombies, sondern um eine neue Art von Bewohnern des Planeten Erde.

Diese Version des Filmendes ist geradezu subversiv, stellt sie doch das »Die oder Wir«, nach dem der Gegner in seiner Bosheit niemals verstanden, sondern nur vernichtet werden kann, in Frage. Und noch mehr: Die einzige denkbare Form des Überdauerns der Zivilisation ist nicht mehr auf die »gesunde« Menschheit beschränkt. Vielmehr sind auch die Mutanten nicht nur dazu in der Lage, sondern sogar dazu berechtigt, ein posthumanes Leben nach ihrer eigenen Façon zu führen.

Soziale Ansteckung

Zombies sind in Mode. Seit George A. Romeros Erfolg mit *Dawn of the Dead* (USA 1978) sind die Untoten immer wieder Thema populärer Filme. Ursprünglich stammt die Zombievorstellung aus Haiti. Ein Zombie ist ein Sklave, der schon im Leben so tot ist, dass er willenlos in der Zuckermühle schuftet, ohne auch nur einen Gedanken an Autonomie oder Aufstand fassen zu können. Sein Hirn ist im Grunde genommen tot, weil es die eigene Freiheit nicht einmal mehr denken kann.

Aus diesem Grundmodell haben sich unterschiedliche Vorstellungen entwickelt. Gemeinsam sind ihnen die Charakteristika der Fressgier, des extrem eingeschränkten Denkens und – der Ansteckungsgefahr. Wer einem Zombie zu nahekommt und gebissen wird, der mutiert selbst zum Zombie. Wenn also genügend Zombies genügend Menschen beißen, bricht alles zusammen, und es kommt zur Zombie-Apokalypse. Um die Katastrophe zu überleben, sollte man sich also tunlichst nicht beißen lassen.

Nun ist der Zombie wie schon der Vampir kein reales Wesen, sondern eine Metapher. Und wenn man sich seine Verhaltensweisen im populären Film ansieht, dann wird auch schnell klar, für was er steht. Der Zombie läuft hirnlos umher, frisst alles Lebendige in sich hinein, das ihm in den Weg kommt, und seine Verhaltensweise ist ansteckend: eine Metapher für die Angst vor dem vollständigen sozialen Abstieg, dem Aufgehen in einer besinnungslosen Masse, deren Leben ohne erkennbares Ziel nur noch im Fressen und Gefressenwerden auf unterstem Niveau besteht. Ansteckung mit dem Zombievirus bedeutet Ansteckung mit sozialem Aussatz. In der Fernsehserie *The Walking Dead* (USA 2010 ff.) wird die Spiegelung der sozialen Problematik in den von Nichtinfizierten bewohnten Orten besonders gut sichtbar. Diese ähneln jenen »Gated Communities«, wie sie in den Ballungszentren Nord- und Südamerikas, inzwischen aber auch schon in Europa und Asien, existieren. Eine Gemeinschaft schirmt sich von einer Außenwelt ab, deren sozialer Standard nicht dem eigenen entspricht und von der man – sei es zu Recht oder zu Unrecht – nur Schlechtes erwartet. Man möchte sich nicht vom Virus der völligen Erfolglosigkeit anstecken lassen.

So definierte sich das Genre schon früh selbst: Bereits in Romeros *Dawn of the Dead* sitzen die Überlebenden im Kaufhaus und vergnügen sich mit Champagner und Kaviar, während die hungrige Masse draußen bleiben muss. Doch will sie natürlich hinein ins Schlaraffenland … Nicht ohne Hintersinn tauchen die Zombies im Gegensatz zu den Vampiren, die, denkt man in diese Richtung weiter, eher die kapitalistischen Ausbeuter repräsentieren, in Massen auf: Zombiefluten, die die Privilegierten wegzureißen und zu überschwemmen drohen. Man kann hier eine direkte Umsetzung der Flutmetaphorik erkennen, mit der insbesondere rechte Parteien in Deutschland in der Vergangenheit häufig die Ausgrenzung von Flüchtlingen rechtfertigten: Das Boot sei voll. Mit dieser Pervertierung des rettenden Archemotivs wendet sich die Gruppe der Privilegierten gegen die Unterprivilegierten und verkündet: Ihr kommt hier nicht rein! Die Flüchtenden werden von Verfolgten und Armen zu einer Bedrohung umgewertet, die so massiv ist, dass sie als körper- und geistlose gewaltige Flut verstanden werden kann. Wer dem nichts entgegensetze, der sei in Gefahr, selbst unterzugehen.

Umgekehrt wird da, wo die Infizierten noch wenige sind, stets deren Internierung nötig. In kongenialer Übersetzung nennt Luther die Leproi, die Hautkranken des Neuen Testaments, darum auch »Aussätzige«, was weniger ein konkretes Krankheitsbild als die Tatsache umschreibt, dass man diese Menschen aufgrund der Ansteckungsgefahr im Wortsinn aussetzt. Von Pausewangs *Die Wolke* bis zu *Outbreak*: Wer ansteckend ist oder strahlt, der wird nicht nur in Erzählungen sozial isoliert: Die Ebola-Infizierten aus der Demokratischen Republik Kongo vom Juni 2019 kämpften verzweifelt darum, nicht interniert zu werden.[16]

Die Zombie-Apokalypsen zeigen ihren Bezug zur Realität also weniger durch die reale Gefahr einer weltweiten Zombieverbreitung als durch die Schilderung von Ausschließungsmechanismen. Thema solcher Untergangsvisionen ist der menschliche Umgang mit Inklusion und Exklusion und mit der Frage, wie Menschen miteinander umgehen. Wenn die Zivilisation zusammenbricht und jeder andere eine potentielle Gefahr von Ansteckung oder Beraubung und Ermordung darstellt, so die Zombie-Apokalypsen, kehrt die Menschheit in den Naturzustand des Kriegs aller gegen alle zurück.

Computerviren

Im Juni 2019 warf US-Präsident Trump der *New York Times* Hochverrat vor. Was hatte die Zeitung verbrochen? Sie hatte einen Artikel veröffentlicht, der darüber berichtete, dass das US-Militär die digitalen Datennetze Russlands infiltriere und dort sogenannte digitale Minen im Computersystem für die russische Stromversorgung platziert habe. Solche Schadsoftware kann im Fall eines militärischen Konfliktes dazu genutzt werden, die Stromversorgung des Feindes empfindlich zu stören. Auch wenn die militärische Stromversorgung durch einen derartigen digitalen Angriff unbeschadet bleiben würde, kann doch die Stromversorgung für die Bevölkerung lahmgelegt werden.

Der österreichische Schriftsteller Marc Elsberg hat eine ähnliche Situation in seinem Roman *Blackout* (2010) beschrieben: Eine Terrorgruppe schleust eine Schadsoftware in die Computernetze der Energieversorgung eines Landes ein. Darauf bricht in ganz Europa, später auch in Teilen der USA, die Stromversorgung zusammen. Neben der Verfolgung der Täter und der Reparatur des Schadens schildert das Buch über einen Erzählzeitraum von vierzehn Tagen die katastrophalen Folgen des Stromausfalls in Bezug auf die staatliche Ordnung und allgemeine Versorgung der Bevölkerung. Weil der gesamte bargeldlose Zahlungsverkehr zusammenbricht, kann nur noch mit Bargeld bezahlt werden. Es kommt zum Ansturm auf Banken. Lebensmittel werden nicht mehr ausgeliefert, weil die Logistik für eine stromfreie Auslieferung fehlt, Gleiches gilt für Medikamente.

Zwei Jahre vor der Veröffentlichung von Elsbergs Thriller schilderte Arbeitsbericht Nr. 141 des Büros für Technik-Folgenabschätzung beim Deutschen Bundestag unter dem Titel *Gefährdung und Verletzbarkeit moderner Gesellschaften – am*

Beispiel eines großräumigen Ausfalls der Stromversorgung die Auswirkungen einer solchen Katastrophe:

> Die Folgenanalysen haben gezeigt, dass bereits nach wenigen Tagen im betroffenen Gebiet die flächendeckende und bedarfsgerechte Versorgung der Bevölkerung mit (lebens-) notwendigen Gütern und Dienstleistungen nicht mehr sicherzustellen ist. Die öffentliche Sicherheit ist gefährdet, der grundgesetzlich verankerten Schutzpflicht für Leib und Leben seiner Bürger kann der Staat nicht mehr gerecht werden. Damit verlöre er auch eine seiner wichtigsten Ressourcen – das Vertrauen seiner Bürger. Die Wahrscheinlichkeit eines langandauernden und das Gebiet mehrerer Bundesländer betreffenden Stromausfalls mag gering sein. Träte dieser Fall aber ein, kämen die dadurch ausgelösten Folgen einer nationalen Katastrophe gleich. Diese wäre selbst durch eine Mobilisierung aller internen und externen Kräfte und Ressourcen nicht »beherrschbar«, allenfalls zu mildern.[17]

Diese beunruhigenden Aussichten nimmt auch der Actionfilm *Live Free or Die Hard* (USA 2007, dt. unter dem softwareaffinen Titel *Die Hard 4.0* erschienen) in den Blick – ein Jahr, bevor der Bericht des Büros erschien. Ein durch die Regierungsorgane tief narzisstisch gekränkter Softwarespezialist reißt die Kontrolle über die US-amerikanischen Computernetze an sich und nimmt so Rache. Bevor er das gesamte Stromnetz lahmlegt, schaltet er alle Fernsehkanäle gleich und lässt auf dem Bildschirm das Weiße Haus explodieren – ein Fake, der jedoch eine Panik auslöst. Über den Bildschirm stellt er der Bevölkerung die Frage, wie es denn für die Menschen wäre, wenn die Notfalltelefone nicht mehr abgenommen würden und Hilfe ausbliebe: »What if you're hurt and alone and you dial 911 and no one answers? What if help will never come?« Was legen Film und Thriller nahe? Sichert eure Netze. Oder im Ton sachlicher Distanziertheit des Büros für Technik-Folgenabschätzung beim Deutschen Bundestag:

> Weitere Anstrengungen sind deshalb auf allen Ebenen erforderlich, um die Resilienz der Sektoren Kritischer Infrastrukturen kurz- und mittelfristig zu erhöhen sowie die Kapazitäten des nationalen Systems des Katastrophenmanagements zielorientiert weiter zu optimieren.[18]

Nur wenige lesen Fachberichte für den Deutschen Bundestag, darum rücken erst Erzählungen wie die von Elsberg solche Problemlagen in das öffentliche Bewusstsein. Eine populäre Erzählung legt die Frage nahe: Kann das denn so geschehen? Erzählung und reales Bedrohungsszenario treten in eine Wechselwirkung. Elsberg musste für sein fiktives Werk im Realen recherchieren. Das fiktive Werk wiederum führt dazu, dass Leser sich für ihre Realität zu interessieren beginnen. In Zeiten der Internet-Suchmaschinen kann diese Auseinandersetzung mit dem Buch in der einen und dem Handy in der anderen Hand schnell beginnen.

VII Vom Sinn des Schreckensbildes

In den Erzählungen vom Weltuntergang verständigt sich die Gesellschaft über sich selbst. Alles spitzt sich auf die Frage zu: Was ist der Mensch angesichts einer Situation existenzieller Bedrohung und sozialer Entgrenzung?

Hieraus ergeben sich weiterführende Fragen, etwa die nach der Rolle des Menschen im Kosmos, nach der Natur des Menschen und seiner Reaktion auf Bedrohungen oder die Frage, was Gerechtigkeit bedeutet und woher Rettung in Katastrophen kommen mag. Durch die in die Zukunft projizierten Gesellschaftsprobleme und -entwürfe im Spiegel der Untergangsgeschichten (anders etwa als bei den rückwärtsgewandten Flutgeschichten), durch die Darstellung möglicher Reaktionen auf extreme zukünftige Herausforderungen (Angriffe von außen, selbstgemachte Probleme, Überwältigung durch Maschinen oder Auslöschung durch Naturkatastrophen) versuchen wir anscheinend, unsere Verfasstheit in der Gegenwart auszubuchstabieren: Wer sind wir? Wohin gehen wir? In welcher Gesellschaft wollen und können wir heute leben?

Die vierte historische Kränkung

Doch zeigt sich in den Endzeiterzählungen tatsächlich der eigentliche Wert der Menschheit? Wird Letztere in ihnen nicht vielmehr gnadenlos demontiert? Sigmund Freud hatte 1917 in seinen *Vorlesungen zur Einführung in die Psychoanalyse* von drei narzisstischen Kränkungen des Menschen gesprochen. Zum Ersten erfahre der Mensch durch die Erkenntnis, dass die Erde keineswegs der Mittelpunkt des Universums, sondern nur ein unbedeutendes Staubkorn am Rande der Galaxis sei, eine kosmologische Kränkung. Zum Zweiten müsse er sich durch die biologische Kränkung der bitteren Erkenntnis stellen, aus der Evolution hervorgegangen und mithin nicht viel mehr als ein verbesserter Affe zu sein. Und schließlich füge die Psychoanalyse dem Menschen die psychologische Kränkung zu, nicht durch Vernunft, sondern letztlich durch das Unterbewusste bestimmt zu werden, also nicht einmal Herr im eigenen Hause zu sein.

Dem könnte man heute die vierte Form einer narzisstischen Kränkung hinzufügen, die sich zwar aus der biologischen ergibt, die man sich aber in aller Regel nicht klarmacht: Der Zeitraum, in dem der Mensch nicht nur als Individuum, sondern als Gattung auf diesem Planeten und im Universum existieren wird, bleibt begrenzt. Er ist nur eine zeitweilige, recht kurze Erscheinung im Universum. Die Evolutionstheorie lehrt solch geschichtliches Denken nicht nur im Hinblick auf die Vergangenheit von Welt und Mensch, sondern auch mit Blick auf deren Ende in der Zukunft. Auch der Mensch wird einst aussterben, sich vielleicht zu etwas anderem, Neuem, entwickeln oder in der zum roten Riesen aufgeblähten Sonne endgültig verglühen.

Die Rede vom Anthropozän, wie sie inzwischen gebräuchlich ist, verdeutlicht das indirekt, indem sie dem Menschen ein spezielles Zeitalter zuweist. Weil der Mensch sich selbst reflektiert, wird diese Zuordnung jedoch nicht wie sonst üblich nach Abschluss des Zeitalters, quasi im Rückblick, sondern mitten in diesem selbst vorgenommen. Oder anders ausgedrückt: Die Rede vom Anthropozän nimmt die Perspektive des vorweggenommenen Rückblicks auf ein Zeitalter und sein beherrschendes Lebewesen ein, die irgendwann vergangen sein werden.

Für die Theologie dürfte die Relativierung des Menschen als Krone der Schöpfung und Ebenbild – also als Stellvertreter – Gottes auf Erden ein ernsthaftes Problem sein. Wie lässt sich theologisch vom Menschen (und von Gott) reden, wenn das auf Gott antwortende Gegenüber eines vermutlich nicht allzu fernen Tages nicht mehr sein sollte? Wird sich Gott in seiner Schöpfung ohne den Menschen behelfen, zurückkehren in die Mitte des sechsten Tages der Erzählung von der Schöpfung? Wird jemand anderes ihm antworten, in einer anderen Sprache vielleicht? Die Tiere? Oder eine Künstliche Intelligenz? Oder wird Gott tot sein, weil niemand mehr von ihm erzählt?

Ob nicht am Ende die Welt ohne Menschen besser dasteht, wie es schon der Noah des Hollywoodfilms dachte? Die Band Die Ärzte bringt es in ihrem Popsong *Abschied* (2019) auf den Punkt:

> [...] alles ist besser als ein weiterer Tag
> an dem wir den Planeten ruinier'n
> los komm, wir sterben endlich aus –
> was Besseres kann der Erde nicht passier'n
>
> Wir fragten den Computer nach der Lösung
> für unser ökologisches Problem
> K. I. empfahl uns schleunigste Verwesung
> damit wenigstens die Tiere überleben
> die Elefanten werden uns danken
> und bald wächst über unsere Städte Gras
> und all das schöne Geld in all den Banken
> das nehmen sich die Ratten dann zum Fraß [...]

Ähnlich kann man die Bilder aus *I am Legend* verstehen, in denen New York von der Natur zurückerobert worden ist (Löwen und Hirsche auf dem Times Square). Der letzte Mensch wandert durch eine Welt, in der die Natur in ihr durch die Menschheit zeitweilig zerstörtes Gleichgewicht zurückkehrt.

Schon in Arno Schmidts Erzählung *Schwarze Spiegel* aus dem Jahr 1951 zeigt sich solch ein misanthropischer Naturromantizismus. Ein Überlebender des Atomkriegs lässt sich nach längerer Reise mit dem Fahrrad (dem von Arno Schmidt höchstgeschätzten Verkehrsmittel) in der Lüneburger Heide nieder. Für eine kurze Zeit wird ihm eine Begegnung mit einer Frau zu einem Adam-und-Eva-Idyll, bis seine Gefährtin auf Zeit sich schließlich wieder auf den Weg macht. Der verlassene Protagonist trauert über den Verlust. Die menschenleere Welt scheint aber einer von Menschen überfluteten allemal vorzuziehen zu sein. Die Natur bleibt »gesetzlos und schön«[19] ohne den Menschen und wird ihn überdauern: »Wacholder bildete zwei Halbkreise: das mußten sehr alte Pflanzen sein, der Größe nach zu urteilen (werden 800 bis 1000 Jahre alt; ich nicht).«[20] Die Natur kehrt dorthin zurück, wo der Mensch verschwindet, wie man heute in der Umgebung von Tschernobyl sehen kann. Mit ihm verschwindet nur eine Spezies unter den zahlreichen Arten auf dem Planeten. Warum sollte das die anderen sonderlich beeindrucken?

George R. Stewart hat in seinem Roman *Earth Abides* (dt.: *Leben ohne Ende*) bereits zwei Jahre vorher eine ähnliche Situation konstruiert, in der nur wenige Menschen nach einer globalen Seuche auf dem Planeten verbleiben. Der Mensch erscheint als Lärm verursachendes Tier. Diese Sichtweise ist erneut nicht sonderlich neu: Schon in der Sintflutgeschichte des Atrachasis-Epos wurde der Mensch als ruhestörende Lärmquelle charakterisiert.

Machen wir uns also nichts vor: Das Ende der Welt – verstanden als Ende des Menschen und vermutlich sehr viel später des Planeten Erde – wird kommen. Fraglich ist lediglich, wann, wie und unter welchen Bedingungen. Werden es virale Infektionen sein, die Folgen der Überbevölkerung oder die Klimaveränderung, die schließlich die Welt in Katastrophen treiben, die der Mensch nicht mehr zu bewältigen vermag?

Phantasien vom Weltuntergang, ihre literarische und filmische Inszenierung sind jedoch häufig nicht nur an einer Diagnose der Endlichkeit des Wesen Mensch interessiert. Sie stellen oft – explizit oder implizit – die Frage, wie das Ende des Menschen zu verhindern, mithin hinauszuschieben sei. Damit einher geht die Frage danach, wie zu leben sei im Angesicht der Begrenztheit des Menschen als Individuum und Gattung.

Die Erzählungen sprechen auch von Rettung, vom Neuanfang, fragen, wie es anders sein, wie es weitergehen könne. Auch dieser Neuanfang kann optimistisch oder pessimistisch gedacht werden. Das hängt davon ab, was man dem Menschen zutraut. Diesseits der Frage aber, ob der Mensch auf der Welt oder mit seiner Welt vollkommen und unwiderruflich untergeht, stellen Erzählungen die Frage, wie Menschen leben können, wollen und sollen angesichts eines Endes, das irgendwann unausweichlich eintreten wird. Alles endet, so auch das Leben eines jeden Einzelnen, und damit seine bzw. ihre Welt.

Vielleicht gerade deshalb interessieren wir uns für Endzeiterzählungen. Die Fragen, wie angesichts der Endlichkeit zu leben sei, sind weder in der optimistischen, auf Rettung gerichteten Erzählung noch in der auf das endgültige Ende zielenden Geschichte überflüssig. Jede Rettung ist nur Rettung auf Zeit, schon aus dem Grunde, weil jeder einzelne Mensch um sein Ende weiß. Die eigentliche Frage lautet, wie die gewonnene Zeit zu gestalten sei. Und genau das wird in Endzeiterzählungen thematisiert. Es geht um unser persönliches Menschsein im Angesicht unseres eigenen unausweichlichen Endes: Was ist der Sinn unseres Lebens, und welche Haltung wollen wir (ethisch wie moralisch) darin einnehmen?

Was ist menschlich?

Viele der in diesem Essay skizzierten Weltuntergangsphantasien zeigen das »Us-or-Them«-Denken als ein mitlaufendes Grundthema. Wie ist dieser Befund zu deuten? Wenn Aliens die Welt angreifen und bekämpft werden müssen – so stellen die entsprechenden Filme klar –, kann die Menschheit gegen diese Herausforderung nur geeint bestehen. Wichtiger aber scheint es, den Subtext freizulegen, der mit dieser Vorstellung mitgeliefert wird: In den Aliens spiegelt sich das menschliche Freund-Feind-Denken, das nur überwunden werden kann, wenn man auch ohne äußere Bedrohung zu der Schlussfolgerung kommt, dass ein solches Schwarz-Weiß-Denken überwunden werden muss. Mit den Mitteln des Films hat ausgerechnet der bekennende Republikaner Clint Eastwood dies in zwei Weltkriegsfilmen getan, die alle Krieg-der-Welten-Filme überstrahlen: *Flags of our Fathers* (USA 2006) und *Letters from Iwo Jima* (USA 2006) stellen das Freund-Feind-Denken grundlegend in Frage. Geschildert wird die blutige Schlacht um die Pazifikinsel Iwo Jima im Zweiten Weltkrieg einmal aus US-amerikanischer und einmal aus japanischer Perspektive (und in japanischer Sprache). Damit führt Eastwood exemplarisch vor, dass die Sicht eines Ereignisses nicht aus einer Perspektive allein zu beschreiben ist. Die Aussage des jeweiligen Filmes versteht man zudem erst dann, wenn man den anderen kennt, da einige Szenen erst im Gesamtzusammenhang einen Sinn ergeben. Natürlich handelt es sich hier nicht um Endzeiterzählungen (obwohl die Schlacht um Iwo Jima für die Beteiligten durchaus apokalyptische Ausmaße annahm), doch lässt sich aus den Filmen sozusagen ex negativo einiges lernen.

Aber auch die Zombie-Apokalypsen mit ihrer Darstellung entgrenzter Lebenswelten und der Spiegelung sozialer Probleme im Gegensatz von Untoten und Lebendigen sind als

Herausforderung an gesellschaftliche Ausgrenzungsstrategien zu lesen. Hier geht es ebenfalls darum, wie Menschen miteinander umgehen, wenn die Zivilisation mit ihrer unverbrüchlichen Rechtssicherheit und angeblich so sicheren Versorgung zusammenbricht.

Die Frage, die viele Endzeiterzählungen aufwerfen, lautet: Was ist der Mensch in der Entgrenzung? Die Antwort ist – wie sollte es anders sein – nicht eindeutig. Die meisten Menschen werden, so sehen es die Erzählungen, in Panik verfallen und mit äußerstem Egoismus reagieren. Gewalt wird zum Mittel der Wahl.

Schon der Philosoph Thomas Hobbes war davon überzeugt,

> dass der natürliche Zustand der Menschen, bevor sie zur Gesellschaft zusammenkamen, der Krieg gewesen ist, und zwar nicht einfach nur ein Krieg, sondern ein Krieg aller gegen alle. Denn was ist der KRIEG anderes als eine Zeit, in der der Wille, mit Gewalt zu streiten, durch Worte und Taten ausreichend erklärt wird?[21]

Der Edelmut, der neben den eigenen Interessen auch die der anderen sieht und berücksichtigt, bleibt die Ausnahme und ist in der Regel dem Helden des Dramas vorbehalten, wenn nicht, wie z. B. in der Serie *The Walking Dead*, auch die Helden höchst fragwürdig agieren.

In der Situation der Entgrenzung wird das Individuum so bedrängt, dass es auf sich selbst und den engsten Kreis der Seinen zurückgeworfen wird. Wo die Flut der Flüchtlinge versucht, die rettende Arche zu erreichen, da neigen die Besitzer dazu, die Eingänge zu verbarrikadieren.

Apokalyptische Narrative stellen den Menschen zumeist ernüchternd dar: in der Masse panisch und in der überschaubaren Horde der Blutsverwandten egoistisch. Dass dagegen immer wieder auch Heldenfiguren ins Feld geführt werden, die den Kometen abzulenken versuchen oder das Serum zur Rettung der Menschheit suchen, verweist auf die Hoffnung auf das im tieferen Sinne Humane, das den Menschen über das Tier erhebt: So sollte er sein, ist er aber nur selten. Allein um dieser Möglichkeit willen jedoch lohnt es sich, den Blick von der Menschheit nicht abzuwenden. Der Noah der Aronofsky-Verfilmung etwa muss am Ende erkennen, dass seine misanthrope Haltung falsch war.

Stets bleibt die Frage, was den Menschen menschlich macht. Am Ende sind es das Mitgefühl und die Fürsorge für andere, die den eigenen Egoismus überschreiten. Doris Lessing hat in ihrer Erzählung *Die Memoiren einer Überlebenden* eine Gesellschaft gezeichnet, die offenbar nach einer nicht näher umschriebenen Katastrophe nahezu zusammengebrochen ist. Der Ich-Erzählerin, einer älteren Frau, wird eines Tages ohne weitere Erklärungen ein Mädchen in die Wohnung gebracht. Es hat einen seltsamen Hund bei sich und lebt von nun an mit der älteren namenlosen Dame zusammen. Diese gewährt dem jungen Mädchen, das sich bald schon zu einem pubertierenden Teenager entwickelt, Unterschlupf, obwohl ihr das zuerst nicht gelegen kommt. Lessing kontrastiert die immer nur angedeuteten Gewalterfahrungen des Mädchens in der Vergangenheit und die Aggression der umherziehenden Banden mit der fraglosen Bereitschaft der älteren Dame, für einen anderen Menschen da zu sein, auch in einer Situation, in der die gesellschaftliche Ordnung zerstört ist und große Knappheit an allem Lebensnotwendigen herrscht.

Ähnlich beschreibt Cormack McCarthy in seinem Roman *The Road* aus dem Jahr 2006, der 2009 auch verfilmt wurde, einen Vater, der mit seinem Sohn auf dem Weg zum Meer ein postapokalyptisches Amerika durchwandert. Der Vater kümmert sich in rührender Weise um seinen Sohn. Umgekehrt kämpft auch der Sohn gegen die Verrohung seines Vaters an, bittet für andere, denen sie begegnen und die ihnen Leid zugefügt haben. In einer Welt, deren Horizont sich verdunkelt hat, in der alles nur noch grau in grau erscheint und nahezu jedes vegetative und tierische Leben verschwunden ist, irren Menschen umher, die einander nur noch als Feinde sehen können. Der Vater versucht, seinem Sohn die Wichtigkeit von Menschlichkeit, Wärme und Fürsorge zu vermitteln. Für sie muss es unverletzbare Grundsätze geben: Kannibalismus markiert die Grenze zwischen Menschlichkeit und Verlust alles Menschlichen. Wenn Vater und Sohn sich gegenseitig versichern, niemals Menschenfleisch essen zu werden, symbolisiert dies die unübertretbare Grenze, markiert die Qualität des Menschseins.

Der Kannibalismus als Lebensform wird in den postapokalyptischen Narrativen immer wieder als unterste moralische Entwicklungsstufe charakterisiert, durch die sich Menschen gleichsam selbst dem Menschsein entfremden. So ist es bei *The Walking Dead*, wo eine Gruppe rücksichtslos Menschen in die Falle lockt, oder auch im Film *Noah*, wo Andeutungen von Kannibalismus auf die endgültige Verworfenheit der Menschheit verweisen.

Gerechtigkeit

Im Angesicht des Weltuntergangs verhandeln die Erzählungen immer wieder auch das Problem der Gerechtigkeit. Apokalypse und Gerechtigkeit hängen eng miteinander zusammen, wie schon an der *Apokalypse des Johannes* zu sehen war. Wer gerettet wird und wer untergehen muss – unter der Voraussetzung, dass nicht alle auf einen Schlag untergehen –, ist eine Frage des jeweilig angewendeten Kriteriums und damit eine Frage der Gerechtigkeit. *Deep Impact*, *The 100*, *Noah* – immer wieder geht es um die Frage, wer auf die Arche darf und wer nicht. Zuweilen heißen die Rettungsmittel sogar Archen, wie in *The 100* oder Roland Emmerichs sehr simplem Spektakel *2012* (USA/CDN 2009), in dem sich Leute tatsächlich Plätze auf den rettenden Schiffen kaufen können. In *The 100* oder *Deep Impact* wird schon ernsthafter diskutiert, wer zu retten sei, wenn nur begrenzt Plätze vorhanden sind. Tubal-Kain, der Gegenspieler Noahs in Aronofskys Film, wirft Noah Zynismus vor, angesichts der Tatsache, dass er zwar Tiere retten will, aber den Menschen, weil er sie für verdorben hält, den Zugang zur Arche am Ende sogar mit Gewalt verwehrt. Ohne mit Tubal-Kain zu sympathisieren: Der Vorwurf scheint nicht völlig unberechtigt.

In den Weltuntergangssituationen ist es offenbar nicht mehr möglich, Gerechtigkeit zu schaffen, weil die Voraussetzungen dafür fehlen. Gerechtigkeit wird am Ende entweder auf Nützlichkeitserwägungen reduziert, um das Überleben der menschlichen Gattung (oder auch nur der Natur) zu sichern, oder das Recht des Stärkeren bzw. Reicheren ersetzt die Gerechtigkeit. Die Erzählungen von postapokalyptischen Zuständen spiegeln damit leider auch die reale Gegenwart von Menschen heute in unterschiedlichen Regionen der Welt, wo die Zerstörung staatlicher Strukturen meist auch jede Rechtssicherheit vernichtet.

Vorläufige Rettung

Wer vom Weltuntergang erzählt, will eigentlich von der Welt und vom Menschen heute reden, von dessen Schuld, Fehlbarkeit und Unmenschlichkeit, aber auch von Mitleidsfähigkeit und seltener Größe. Autorinnen und Autoren, die sich des Themas annehmen, sprechen – sogar noch in jener egoistischen

Verkrümmung, in der man sich selbst den Erwählten zurechnet – von Gerechtigkeit und Ungerechtigkeit und schließlich von möglicher oder unmöglicher Rettung. Weltuntergangsszenarien erzählen deshalb oft einerseits vom Neubeginn, d. h. davon, wie es anders und besser sein könnte, aber auch davon, wie sich Fehler wiederholen. Erzählungen vom Ende, die Rettung ausschließen, sind als impliziter Aufruf zu lesen, es nicht zu schnell so weit kommen zu lassen. Wer vom Weltuntergang erzählt, gerät automatisch in Opposition zu dem, der ihn einfach nur fatalistisch kommen sieht. Die Zukunftserzählungen verweisen immer auf die Gegenwart, speisen sich aus dieser.

Womit man wieder am Anfang dieses Essays angelangt wäre. Greta Thunberg, das reale Mädchen, das gegen die globale Erwärmung kämpft, ist innerhalb weniger Monate zu ihrem eigenen Mythos geworden, dem wir live bei seiner Entstehung zusehen können. Aus der kleinen Greta Thunberg wurde in atemberaubender Geschwindigkeit The Great Thunberg und mithin eine eigene Geschichte, die weitererzählt wird: auf Facebook und Instagram inzwischen noch schneller und weitreichender als in den Tageszeitungen. Es ist die Story vom Kampf des kleinen Mädchens gegen das Establishment, gegen die zynische Macht des Geldes und der angemaßten Alternativlosigkeit. Die Verfilmung kann nicht lange auf sich warten lassen.

Es bleibt zu hoffen, dass der Moment, in dem Geschichte und Realität noch nicht völlig voneinander abgesondert sind, etwas bewegen kann – bevor die Aktualität des Geschehens zur Erinnerung wird. Auch wenn das nicht heißen muss, dass die Geschichte wirkungslos wird. Von David und Goliath wird nach wie vor erzählt. Die biblische Exodus-Erzählung, nach neuester Forschungslage eine nahezu reine Fiktion, bietet eine Story, mit der sich Emanzipationsbewegungen immer wieder identifizieren konnten. Eine lebendige Geschichte (›story‹) vermag also durchaus, die Geschichte (›history‹) der Welt zu beeinflussen.

Unser Ort in der Geschichte der Welt ist die Endzeit:

> *Endzeit contra Zeitenende.* Unser Dasein definiert sich mithin als »Frist«; wir leben als Gerade-noch-nicht-nichtseiende. – Durch diese Tatsache hat sich die moralische Grundfrage verändert: Der Frage »*Wie* sollen wir leben?« hat sich die Frage »*Werden* wir leben?« untergeschoben. Auf die »Wie-Frage« gibt es für uns, die wir in unserer Frist gerade noch leben, nur die *eine* Antwort: »Wir haben dafür zu sorgen, daß die *Endzeit*, obwohl sie jederzeit in *Zeitenende* umschlagen könnte, *endlos* werde; also daß der Umschlag niemals eintrete.« – Da wir an die Möglichkeit des »Zeitenendes« glauben, sind wir Apokalyptiker; aber da wir die von uns selbst gemachte Apokalypse bekämpfen, sind wir – diesen Typ hat es zuvor nicht gegeben – Apokalypse-Feinde.[22]

Die Erzählungen vom Weltuntergang, die Endzeiterzählungen, sind in diesem Sinne Apokalypse-Feinde. Wer vom Ende erzählt, will in aller Regel vor dem Ende warnen. Begeisterung für den Untergang bewegt nur die, die in fundamentalistischer Weise alte Bibeltexte narzisstisch auf sich selbst beziehen.

Natürlich geht es Autoren und Regisseuren auch darum, spannende Geschichten zu erzählen, aber das allein trägt keinen der analysierten Texte. Sie verbinden archaische Ängste, alte Geschichten und archetypische Figuren und Erzählformen mit den Herausforderungen und Bedrohungen der Gegenwart: Deshalb wirken die Geschichten bei Lesern und Zuschauern so stark.

Geschichten vom Untergang, von Fluten beispielsweise, finden sich in vielen Kulturen und bilden einen Grundbestand des kulturellen Wissens, auf den die Erzähler heute ebenso zurückgreifen wie auf archetypische Figurenkonstellationen: den jugendlichen, einsam und heldenhaft für die Gemeinschaft, die ihn verkennt, kämpfenden, tragischen Erlöser, den alten Weisen, aber auch den zutiefst Bösen. Die Rollen werden freilich in neuem Kontext verteilt. Wenn der Böse heute ein Roboter ist, dann verweist er auf seinen Schöpfer, den Menschen, zurück. Die Fluten heute sind in den Weltuntergangsgeschichten menschengemacht, nicht mehr durch Götter verursacht. Die Menschen sind zu Göttern ihres eigenen Untergangs geworden. Die Geschichten stellen so die Schuldfrage neu und rücken immer wieder die Gier und das Versagen des Menschen in den Blick, machen aufmerksam auf die gefährliche Natur des Menschen, der nach der Katastrophe als Überlebender in einer Welt leben müsste, in der alles fehlt, was ihm heute ein menschenwürdiges Leben ermöglicht: Rechtssicherheit, angemessene Versorgung mit Nahrung und Medikamenten, geregelte öffentliche Strukturen, ein freiheitliches Staatssystem. Die Endzeiterzählungen führen vor, was verlorengehen kann, wenn Menschen ihr Handeln in Bezug auf Umwelt, Technik und Konfliktlösung nicht korrigieren. Die Gründe des Untergangs rückblickend zu zeigen, kann eine Fiktion sein, die heute zur Korrektur des eigenen Verhaltens beizutragen vermag.

Die Geschichten führen zudem exemplarisch an einzelnen Figuren vor, woher Rettung kommen könnte. Jede archetypische Retterfigur verkörpert eine bestimmte Form des Umgangs mit Menschen und Welt, der für heute Bedeutung hat. Der junge John Connor aus *Terminator 2* lehrt seine Mutter und den zerstörerischen Cyborg Menschlichkeit und Gewaltverzicht. Der überlebende Forscher in *I am Legend* verkörpert die Kraft des konstruktiven Forschergeistes. Auf der anderen Seite gibt es Figuren, die zeigen, wohin Skrupellosigkeit und Zynismus führen können. Dabei muss man festhalten, dass manche Figurenkonstellationen zumindest fragwürdig sind, so zum Beispiel, wenn die kleinbürgerliche Kernfamilie sich tribalistisch durch die Endzeit kämpft.

Die Endzeiterzählungen zeigen auf, worin die Gefahren für Mensch und Welt heute bestehen, indem sie die Folgen zeigen, die sich einstellen könnten, wenn alles so weitergeht. Das tun sie teilweise – vor allem im Film – extrem verdichtet und zeitlich verkürzt, und machen so das Schleichende des Katastrophalen oft auch überhaupt erst anschaulich. Endzeiterzählungen sind auf diese Weise Verstehenshilfen für die Gegenwart. Plastisch bieten sie dar, was man sich sonst durch ausgiebige Sachtext- und Schaubildanalyse erarbeiten müsste.

Ob die (Bild-)Erzählungen Kräfte freisetzen, zu einer Bewusstwerdung und Aktivierung des Zuschauers beitragen oder letztlich nur dem Thrill des endzeitlichen Schreckens *al gusto* hinter der Chipstüte dienen, lässt sich nur schwer und sicherlich nicht abschließend sagen. Die fiktiven Szenarien der Endzeiterzählungen beleuchten das Geschehen der Gegenwart, indem sie auf mögliche Folgen der gegenwärtigen Technik und Lebensweise in der Zukunft aufmerksam machen. Gleichzeitig schaffen sie Distanz (ich lese ja nur ein Buch oder sehe einen Film) und sind deshalb keine Beiträge zur Massenhysterie. Der Zuschauer kann und soll sich der Gegenwart reflexiv nähern. Die literarischen und filmischen Umsetzungen des Weltuntergangs und der Postapokalypse können zur Sensibilisierung und Selbstaufklärung des Menschen angesichts der durch ihn verursachten Bedrohungen beitragen. So mögen sie vielleicht ein wenig dabei helfen, künftige katastrophale Entwicklungen abzuwenden. Immerhin.

Anmerkungen

1 Hans Jacob Christoph von Grimmelshausen, *Der abentheuerliche Simplicissimus Teutsch und Continuatio*, hrsg. von Dirk Niefanger. Stuttgart 2017, S. 15.

2 Eva Horn, *Zukunft als Katastrophe*, Frankfurt a. M. 2014, S. 19.

3 Vgl. Harald Lesch / Klaus Kamphausen, *Die Menschheit schafft sich ab. Die Erde im Griff des Anthropozän*, München 2016, S. 160.

4 Ebd., S. 161.

5 Günther Anders, *Die Antiquiertheit des Menschen. Bd. 1: Über die Seele im Zeitalter der zweiten industriellen Revolution*, München ^{2}2002 [1956], S. 239.

6 Anders, Bd. 1, S. VII.

7 Max Horkheimer / Theodor W. Adorno, *Dialektik der Aufklärung. Philosophische Fragmente*, Frankfurt a. M. 1969 [1947], S. 9.

8 Anders, Bd. 1, S. 283.

9 Georg Seeßlen, *Die Matrix entschlüsselt*, Berlin 2003, S. 220.

10 Nick Bostrom, *Superintelligenz. Szenarien einer kommenden Revolution*, Berlin ^{3}2018 [engl. Orig. 2014], S. 171 f.

11 Ebd., S. 138.

12 Ebd., S. 139.

13 Michel Foucault, *Die Ordnung der Dinge. Eine Archäologie der Humanwissenschaften*, Frankfurt a. M. ^{9}1990 [1974, franz. Orig. 1966], S. 462.

14 Johannes Pause, »Will the Survivors watch TV? Peter Watkins' *The War Game* (1965)«, in: Tobias Nanz / J. P. (Hrsg.), *Das Undenkbare filmen. Atomkrieg im Kino*, Bielefeld 2013, S. 53–84, hier S. 69.

15 Birgit Glombitzka, »Ein Virus kennt keine Moral. ›Contagion‹ von Steven Soderbergh«, in: *taz* vom 20. 11. 2011, http://www.taz.de/!5109523/ (abgerufen am 9. 6. 2019).

16 Berit Uhlmann, »Ebola erreicht Uganda«, in: *SZ* vom 13. 6. 2019, https://www.sueddeutsche.de/gesundheit/ebola-kongo-uganda-1.4485129 (abgerufen am 15. 6. 2019).

17 Thomas Petermann [u. a.], *Gefährdung und Verletzbarkeit moderner Gesellschaften – am Beispiel eines großräumigen Ausfalls der Strom-*

versorgung, Arbeitsbericht Nr. 141 des Büros für Technik-Folgenabschätzung beim Deutschen Bundestag, o. O. 2010, https://www.tab-beim-bundestag.de/de/pdf/publikationen/berichte/TAB-Arbeitsbericht-ab141.pdf, S. 237 (Download am 18. 6. 2019).

18 Ebd., S. 237.

19 Arno Schmidt, »Schwarze Spiegel«, in: A. S., *Bargfelder Ausgabe*, Werkgruppe 1, Studienausgabe Bd. I/1.1, Zürich 1987 [1951], S. 199–260, hier S. 214.

20 Ebd., S. 214.

21 Thomas Hobbes, *De cive / Vom Bürger. Lateinisch/Deutsch*, übers. von Andree Hahmann, Stuttgart 2017, S. 69.

22 Günther Anders, *Endzeit und Zeitenende. Gedanken über die atomare Situation*, München 1972, S. 93 f.

Leseempfehlungen und Filme in Auswahl

Literatur

Anders, Günther: Die Antiquiertheit des Menschen. Bd. 1. Über die Seele im Zeitalter der zweiten industriellen Revolution, München. ²2002. [1956.]
– Endzeit und Zeitenende. Gedanken über die atomare Situation. München 1972.
Behringer, Wolfgang: Kulturgeschichte des Klimas. Von der Eiszeit bis zur globalen Erwärmung. München ⁶2018. [2011.]
Bostrom, Nick: Superintelligenz. Szenarien einer kommenden Revolution. Berlin ³2018. [Engl. Orig. 2014.]
Briese, Olaf / Faber, Richard / Podewski, Madleen (Hrsg.): Aktualität des Apokalyptischen. Zwischen Kulturkritik und Kulturversprechen. Würzburg 2015.
Ehrmann, Jeanette: Working Dead. Walking Debt. Der Zombie als Metapher der Kapitalismuskritik. In: Zeitschrift für Kulturwissenschaften 1 (2014) S. 21–34.
Foucault, Michel: Die Ordnung der Dinge. Eine Archäologie der Humanwissenschaften, Frankfurt a. M. ⁹1990. [1974, franz. Orig. 1966.]
Fried, Johannes: Dies Irae. Eine Geschichte des Weltuntergangs. München 2016.
Birgit Glombitzka: Ein Virus kennt keine Moral. »Contagion« von Steven Soderbergh«. In: taz vom 20. 11. 2011. http://www.taz.de/!5109523/ (abgerufen am 9. 6. 2019.)
Grimmelshausen von, Hans Jacob Christoph: Der abentheuerliche Simplicissimus Teutsch und Continuatio. Hrsg. von Dirk Niefanger. Stuttgart 2017.
Harari, Yuval Noah: Homo Deus. Eine Geschichte von Morgen. München ⁸2019. [Engl. Orig. 2015.]
Hobbes, Thomas: De cive / Vom Bürger. Lateinisch/Deutsch. Übers. von Andree Hahmann. Stutgart 2017.
Horkheimer, Max / Adorno, Theodor W.: Dialektik der Aufklärung. Philosophische Fragmente, Frankfurt a. M. 1969. [1947.]

Horn, Eva: Zukunft als Katastrophe. Frankfurt a. M. 2014.
Lesch, Harald / Kamphausen, Klaus: Die Menschheit schafft sich ab. Die Erde im Griff des Anthropozän. München 2016.
Metz, Markus / Seeßlen, Georg: Wir Untote! Über Posthumane, Zombies, Botox-Monster und andere Über- und Unterlebensformen in Life Science & Pulp Fiction. Berlin 2012.
Mulsow, Martin / Assmann, Jan (Hrsg.): Sintflut und Gedächtnis. Erinnern und Vergessen des Ursprungs. München 2006.
Nanz, Tobias / Pause, Johannes (Hrsg.): Das Undenkbare filmen. Atomkrieg im Kino. Bielefeld 2013.
Pause, Johannes: Will the Survivors watch TV? Peter Watkins' *The War Game* (1965). In: Tobias Nanz / J. P. (Hrsg.): Das Undenkbare filmen. Atomkrieg im Kino. Bielefeld 2013. S. 53–84.
Petermann, Thomas [u. a.]: Gefährdung und Verletzbarkeit moderner Gesellschaften – am Beispiel eines großräumigen Ausfalls der Stromversorgung. Arbeitsbericht Nr. 141 des Büros für Technik-Folgenabschätzung beim Deutschen Bundestag. O. O. 2010. https://www.tab-beim-bundestag.de/de/pdf/publikationen/berichte/TAB-Arbeitsbericht-ab141.pdf, S. 237. (Download am 18. 6. 2019.)
Podrez, Peter: Der Sinn im Untergang. Filmische Apokalypsen als Krisentexte im atomaren und ökologischen Diskurs. Stuttgart 2011.
Ramge, Thomas: Mensch und Maschine. Wie Künstliche Intelligenz und Roboter unser Leben verändern. Stuttgart [5]2019. [2018.]
Reuter, Ingo: The Walking Dead – Über(-)Leben in der schlechtesten aller möglichen Welten. Würzburg 2018.
Schipper, Bernd U. / Plasger, Georg (Hrsg.): Apokalyptik und kein Ende? Göttingen 2007.
Schmidt, Arno: Schwarze Spiegel. In: A. S., *Bargfelder Ausgabe*. Werkgruppe 1, Studienausgabe Bd. 1/1.1. Zürich 1987 [1951]. S. 199–260.
Seeßlen, Georg: Die Matrix entschlüsselt. Berlin 2003.
Uhlmann, Berit: Ebola erreicht Uganda. In: SZ vom 13. 6. 2019. https://www.sueddeutsche.de/gesundheit/ebola-kongo-uganda-1.4485129 (abgerufen am 15. 6. 2019.)
Vondung, Klaus: Apokalypse ohne Ende. Heidelberg 2018.

Filme

2001: A Space Odyssey (GB/USA 1968; R: Stanley Kubrick)
An Inconvenient Truth (USA 2006; R: Davis Guggenheim)
Armageddon (USA 1998; R: Michael Bay)
Automata (E/BUL/USA/CDN 2014; R: Gabe Ibáñez)
Blade Runner (USA/HKG 1982; R: Ridley Scott)
Briefe eines Toten (SU 1986; R: Konstantin Sergejewitsch Lopuschanski)
Contagion (USA/VAE 2011; R: Steven Soderbergh)
Dawn of the Dead (USA 1978; R: George A. Romero)
Deep Impact (USA 1998; R: Mimi Leder)
Ex Machina (GB 2014; R: Alex Garland)
Fail Safe (USA 1964; R: Sidney Lumet)
Flags of our Fathers (USA 2006; R: Clint Eastwood)
I am Legend (USA 2007; R: Francis Lawrence)
I, Robot (USA/D 2004; R: Alex Proyas)
Independence Day (USA 1996; R: Roland Emmerich)
Independence Day: Resurgence (USA 2016; R: Roland Emmerich)
La Jeteé (F 1962; R: Chris Marker)
Letters from Iwo Jima (USA 2006; R: Clint Eastwood)
Live Free or Die Hard (USA 2007; R: Len Wiseman)
Mars Attacks! (USA 1996; R: Tim Burton)
Matrix (USA 1999; R: Lana Wachowski, Lilly Wachowski)
Matrix Reloaded (USA 2003; R: Lana Wachowski, Lilly Wachowski)
Matrix Revolutions (USA 2003; R: Lana Wachowski, Lilly Wachowski)
Noah (USA 2014; R: Darren Aronofsky)
Outbreak (USA 1995; R: Wolfgang Petersen)
Still an Inconvenient Truth (USA 2017; R: Bonni Cohen, Jon Shenk)
Terminator (USA 1984; R: James Cameron)
Terminator 2 – Judgement Day (USA 1991; R: James Cameron)
The 100 (USA 2014 ff.; R: Dean White, Milan Cheylov u. a.)
The Day After Tomorrow (USA 2004; R: Roland Emmerich)
The Last Man on Earth (USA/I 1964; R: Ubaldo Ragona, Sidney Salkow)
The Omega Man (USA 1971; R: Boris Sagal)
The Road (USA 2009; R: John Hillcoat)

The Walking Dead (USA 2010 ff.; R: Frank Darabont, Michelle MacLaren, Johan Renck u. a.)
The War Game (GB 1965; R: Peter Watkins)
Twelve Monkeys (USA 1995; R: Terry Gilliam)
Westworld (USA 1973; R: Michael Crichton)
Westworld (USA 2016 ff.; R: Jonathan Nolan, Richard J. Lewis, Neil Marshall)

Zum Autor

Dr. Ingo Reuter, geb. 1968 in Duisburg, ist apl. Professor für Religionspädagogik an der kulturwissenschaftlichen Fakultät der Universität Paderborn. Arbeitsschwerpunkte bilden kulturhermeneutische Fragen in Theologie, Philosophie und Medien. Er hat zahlreiche Beiträge zu Phänomenen der populären Kultur verfasst.

Zuletzt veröffentlichte er: *»The Walking Dead« – Über(-) Leben in der schlechtesten aller möglichen Welten*, Würzburg 2018; *SURFACES/Oberflächen*, Würzburg 2019; *Der christliche Glaube im Spiegel der Popkultur*, Wiesbaden 2020.